中华优秀传统文化普及系列丛书

孝悌之道

高中（二）

国家社会科学基金"十二五"规划教育学重点课题研究成果

教育部中国教育科学研究院基础教育课程研究中心审定

姜宏德 主编

教育科学出版社

·北京·

出 版 人　李　东
责任编辑　宫美英
版式设计　杨玲玲
责任校对　贾静芳
责任印制　叶小峰

图书在版编目（CIP）数据

孝悌之道. 高中. 二／姜宏德主编. —北京：教
育科学出版社，2017.12（2018.3 重印）
（中华优秀传统文化普及系列丛书）
ISBN 978-7-5191-1322-3

Ⅰ.①孝…　Ⅱ.①姜…　Ⅲ.①中华文化—高中—教学
参考资料　Ⅳ.①G634.303

中国版本图书馆 CIP 数据核字（2017）第 311704 号

中华优秀传统文化普及系列丛书
孝悌之道　高中（二）
XIAOTI ZHI DAO GAOZHONG（ER）

出版发行	教育科学出版社		
社　　址	北京·朝阳区安慧北里安园甲 9 号	市场部电话	010-64989009
邮　　编	100101	编辑部电话	010-64989592
传　　真	010-64891796	网　　址	http://www.esph.com.cn
经　　销	各地新华书店		
制　　作	北京金奥都图文制作中心		
印　　刷	中煤（北京）印务有限公司		
开　　本	184 毫米×260 毫米　16 开	版　　次	2017 年 12 月第 1 版
印　　张	10.5	印　　次	2018 年 3 月第 2 次印刷
字　　数	124 千	定　　价	29.00 元

编写委员会

顾　　问：郭齐家

主　　编：姜宏德

特约编审：张圣洁

编　　委：王殿卿　　王新宏　　黄云霞　　邵泽飞

策　　划：殷梦昆　　徐碧荣

序

郭齐家①

2017 年 1 月 25 日，中共中央办公厅、国务院办公厅印发了《关于实施中华优秀传统文化传承发展工程的意见》，其中就实施中华优秀传统文化传承发展工程提出的重点任务之一是："贯穿国民教育始终。围绕立德树人根本任务，遵循学生认知规律和教育教学规律，按照一体化、分学段、有序推进的原则，把中华优秀传统文化全方位融入思想道德教育、文化知识教育、艺术体育教育、社会实践教育各环节，贯穿于启蒙教育、基础教育、职业教育、高等教育、继续教育各领域。以幼儿、小学、中学教材为重点，构建中华文化课程和教材体系。" 2017 年 10 月 18 日，习近平总书记在中国共产党第十九次全国代表大会上的报告指出，要"落实立德树人根本任务"，"深入挖掘中华优秀传统文化蕴含的思想观念、人文精神、道德规范，结合时代要求继承创新，让中华文化展现出永久魅力和时代风采"。

———————

①郭齐家：北京师范大学教授、博士生导师，国际儒学联合会顾问，中华孔子学会原副会长。

　　"中华优秀传统文化普及系列丛书"高中读本就是在此精神指导下，在已出版的《童蒙读本》《养正读本》《养志读本》的基础上，由国家社会科学基金"十二五"规划教育学重点课题"中华优秀传统文化教育研究"家庭教育课题组组织编写的，供高中组织传统文化教育活动、开设国学专题课使用。

　　"中华优秀传统文化普及系列丛书"高中读本分为六册，分别为：《为学之道　高中（一）》《孝悌之道　高中（二）》《修身之道　高中（三）》《齐家之道　高中（四）》《交友之道　高中（五）》《为政之道　高中（六）》。《为学之道　高中（一）》主要介绍孔孟及其弟子关于为学方面的论述，旨在回答为什么学、学什么、向谁学以及怎样学等一系列问题。《孝悌之道　高中（二）》主要讲述孔孟"孝悌为本"的思想和如何传承、弘扬中华民族养亲、尊亲、悦亲的孝道精神和优良传统。《修身之道　高中（三）》主要讲述修身的道理、方法及修身对齐家、治国的重要意义。《齐家之道　高中（四）》主要讲述在家庭建设中如何做到夫仁妇义、父慈子孝、兄友弟恭，以实现家庭和谐、美满、幸福的目标。《交友之道　高中（五）》主要讲述如何广交益友，怎样做到择友以道，以及如何与友相处，等等。《为政之道　高中（六）》主要讲述为政者应如何克己自律、以民为本、选贤举能、为政以德，如何为他人做出表率等问题。

　　每本书分若干章，每章又分若干节，每节有经典原文、译文、解读、相关章句、案例等，各章最后还有"本章思考题"，引导学生把握好各章的重点、难点。全套书脉络清晰、结构合理、层次分明，符合高中学生的认知规律和教育教学规律，适合高中学生自主学习或者与家长一起探讨、学习。

　　2014年3月26日，中华人民共和国教育部印发了《完善中华优秀传统文化教育指导纲要》，提出了"分学段有序推进中华优秀传统文化教育"的指导意见，指出："高中阶段，以增强学生对中华优秀传统文化的理性认识为重点，引导学生感悟中华优秀传统文化的精神内涵，增强学生对中华优秀传统文化的自信心。""吸取前人经验和智慧，培养豁达乐观的人生态度和抵抗困难挫折的能力；感悟传统美德与时俱进的品质，自觉以中华传统美德律己修身。"本套书正是按照此精神编写的。

中国古代圣贤推崇的教育是博雅教育，既包含技术教育、知识教育，又包含艺术教育、生命教育，覆盖德、智、体、美诸方面，其核心是使人成为全面发展的人、有道德的人。中国古代圣贤很看重个体的生存品质，很重视人文的熏陶和修养，努力通过诗、书、礼、乐来培养社会精英，影响更多的普通百姓，提升其生活品位。以仁、义、礼、智、信等价值观和温、良、恭、俭、让的品行来美政美俗、养心养性是我国教育的传统，值得我们借鉴。中华优秀传统文化教育在今天仍有重要意义，在我们以习近平新时代中国特色社会主义思想指引下重塑文化自信的道路上扮演着重要角色。这就是本书的价值和意义。我郑重向广大读者特别是高中学生及其家长、老师推荐这套书，希望大家能从这套书中得到教益。

是为序。

2017 年 11 月
于北京·回龙观

使用指南

　　"中华优秀传统文化普及系列丛书"高中读本按照"为学之道""孝悌之道""修身之道""齐家之道""交友之道""为政之道"六个主题进行编写，每个主题一册。学校在使用过程中可以根据实际情况任选。

一、体例介绍

　　"中华优秀传统文化普及系列丛书"高中读本每个主题根据孔子、孟子关于这一主题的论述分为若干章，每章设内容提要，简要介绍本章的主要内容，每章下分若干节。

　　每节内容包括主课文及相关章句、案例等。主课文为《论语》《孟子》等经典文献选句，配以译文、解读。相关章句为"四书五经"等典籍中对相关问题的论述。案例是根据不同主题列举古代相关的人和事，有的还配有典籍原文，以增加学生的古文阅读量。

　　每节还有不固定栏目"成语""人物简介""历史资料"等，讲解从"四书五经"或相关典籍、案例中传承下来的成语，介绍有关章句中涉及的历史人物，补充有关历史资料，以加深学生的理解。

每章最后还附有"本章思考题"，对本章中需要强调的、与现实联系紧密的内容进行提问，启发学生思考。

二、使用建议

1. 可供学校开展传统文化专题课使用

2014年3月，教育部《完善中华优秀传统文化教育指导纲要》提出，"鼓励各地各学校充分挖掘和利用本地中华优秀传统文化教育资源，开设专题的地方课程和校本课程"。2017年1月，中共中央办公厅、国务院办公厅印发的《关于实施中华优秀传统文化传承发展工程的意见》指出，传统文化内容要"贯穿国民教育始终"，并倡导"构建中华文化课程"。"中华优秀传统文化普及系列丛书"高中读本可供学校开展传统文化专题课使用。

2. 与其他课程相融合

教育部《完善中华优秀传统文化教育指导纲要》提出，在相关学科"结合教学环节渗透中华优秀传统文化相关内容"。教师可以将本套书中的相关内容融入语文、历史等学科进行讲解，扩大学生的知识面。

3. 引导学生自学

除上好传统文化专题课、结合其他课程内容进行讲解外，教师还可以鼓励学生自学本套书，以扩大其古文阅读量和成语储备量。

4. 引导学生讨论

教师可以结合每章的思考题启发学生思考，引导学生讨论，以提高学生对传统文化的理性认识，使其更深刻地感悟传统文化的精神内涵。此外，教师还可以指导学生就某一主题进行写作，提高其写作水平。

目录

第三章　敬慕之孝

第四章　礼仪之孝

第五章　道义之孝

第六章　继志之孝

第一章

孝悌为本

孔孟及其弟子十分看重孝悌，认为孝悌是教学之本、仁义之本、为政之本，是修身、齐家、治国、平天下的基础。

第一节 入孝出悌

> 子曰："弟子①入则孝，出则悌②，谨③而信④，泛⑤爱众，而亲仁⑥。行有余力，则以学文⑦。"
>
> ——《论语·学而》

译 文

孔子说："年纪幼小的子弟在家要孝敬父母，出门在外要敬重兄长，言行要谨慎、信实，要广泛地爱大众，亲近有仁德的人。做了这些还有余力，就学习文献知识。"

解 读

入孝出悌、谨身信言、爱众亲仁，是一个由近及远、推己及人的过程。其中，在家孝敬父母是起点，出悌、谨信、亲仁是过程，泛爱众是目标。"行有余力，则以学文。"孔子以仁为本，把立德

---

①弟子：一般有两种解释，一是指年幼的子弟，二是指学生。这里取第一种解释。

②入则孝，出则悌："入"指在家，"出"指出门在外。孝，孝敬父母；悌，敬重兄长。

③谨：谨慎。

④信：信实。

⑤泛：广泛。

⑥仁：指有仁德的人。

⑦文：文献知识。

树人放在了为学的首位。

成　语

行有余力：做了事情以后，还有剩余的精力和时间。

相关章句

入则事父兄

子曰："出则事公卿，入则事父兄，丧事不敢不勉，不为酒困，何有于我哉？"

——《论语·子罕》

孔子说："出门在外侍奉公卿，回家侍奉父母兄长，有丧事不敢不尽力，不嗜酒贪杯，这些事我做到了哪些呢？"

守先王之道

孟子曰："入则孝，出则悌，守先王之道，以待后之学者。"

——《孟子·滕文公下》

孟子说："在家孝敬父母，出门在外尊敬长辈，恪守先王的道义准则，以此培养、扶持后辈学者。"

入则笃行，出则友贤

子路问于孔子曰："有人于此，夙兴夜寐，耕耘树艺，手足胼胝以养其亲，然而无孝之名，何也？"孔子曰："意者身不敬与？辞不逊与？色不顺与？古之人有言曰：'衣与，缪与，不女聊。'今夙兴夜寐，耕耘树艺，手足胼胝以养其亲，无此三者，则何以为而无孝之名也？"孔子曰："由，志之，吾语女，虽有国士之力，不能自举其身，非无力也，势不可也。故入而行不修，身之罪也；出而名不章，友之过也。故君子入则笃行，出则友贤，何为而无孝之名也？"

——《荀子·子道》

子路问孔子说："有这样一个人，早起晚睡，耕地锄草，植树播种，手脚都磨出了老茧，这样来奉养父母，却没有孝顺的名声，为什么呢？"孔子说："想来大概是他举止不恭敬吧？他说话不谦虚吧？他脸色不愉悦吧？古人有句话说：'给我穿的，却不用心，以致衣服不合身，那我就不依靠你。'现在这个人早起晚睡，耕地锄草，植树播种，手脚都磨出了老茧，并没有您说的以上三种行为，那为什么还是没有孝顺的名声呢？"孔子说："仲由，记住吧！我告诉你，即使有了全国闻名的大力士的力气，也不能自己举起自己的身体，这并不是因为他没有力气，而是客观形势不许可啊。所以，君子在家里不修养自己的行为，是自身的罪过；在外名声不彰显，是交友的过失。所以，君子在家里要使自己的品行忠厚，出外能和贤人交朋友，如果这样，怎么会没有孝顺的名声呢？"

成语"夙兴夜寐""手足胼胝"皆出于此。前者指早起晚睡，形容勤奋努力；后者指手掌足底长满老茧，形容经常辛勤劳动。

案 例

石建孝亲谨言

《史记·万石张叔列传》记载："建老白首，万石君尚无恙。

建为郎中令，每五日洗沐归谒亲。入子舍，窃问侍者，取亲中裙厕牏（yú，通'窬'），身自浣涤，复与侍者，不敢令万石君知，以为常。建为郎中令，事有可言，屏人恣言，极切；至廷见，如不能言者。是以上乃亲尊礼之。"

这段话的大意是：石建头发都白了，而他父亲万石君还非常健康。当时石建为郎中令，五天休息一次。每次休息，他都会回家拜见父亲，去旁边小屋里偷偷向侍者询问父亲的身体状况，并亲自为父亲清洗内衣、洗刷马桶，弄干净后再交给侍者，不敢让万石君知道，而且经常如此。石建做郎中令的时候，有事向皇帝禀报，如果周围没人，他说话一点儿都不拘束，言辞峻切；在朝堂上议事时，他却像不会说话一样。皇帝因此对他非常尊重，并对他以礼相待。

刘恒亲尝汤药

清代道光刊本《孝行录·二十四孝》记载："前汉文帝名恒，汉高祖第三子。初封代王，生母薄太后，帝奉养无怠。母病三年，帝为之目不交睫，衣不解带，汤药非口亲尝弗进，仁孝闻于天下。"

这段话的大意是：西汉时期的汉文帝，名字叫恒，是汉高祖刘邦的三儿子。刘恒被封为代王时，奉养母亲薄太后尽心竭力，从不怠慢。母亲曾患病长达三年之久，汉文帝亲自照料，夜里从不合眼，也不敢宽衣睡觉，日夜守护在母亲的床前。汤药若不是亲口尝过，刘恒绝不拿给母亲服用。刘恒仁德、孝顺的名声流传天下。

汉文帝刘恒虽贵为天子，但仍恪守孝道，侍奉母亲从不懈怠，以仁孝闻名于天下。汉文帝刘恒将对母亲的这份孝心，推广到天下所有的父母身上，施行仁德之政，开启了历史上的盛世——文景之治。

6

刘琎束带

《南齐书》记载："琎字子敬……兄瓛夜隔壁呼琎共语，琎不答，方下床著衣立，然后应。瓛问其久，琎曰：'向束带未竟。'其立操如此。"

这段话的大意是：刘琎，字子敬……一天晚上，哥哥刘瓛喊睡在隔壁的刘琎过来商量事情。话音刚落，刘瓛就听见隔壁起床的声音，却没有应答的声音。过了一会儿，刘琎才回应兄长。刘瓛问他怎么这么久才回应。刘琎说："刚才衣服没穿好，衣带没系好，因此没敢回应您。"他的操守一向如此。

虽然是夜晚，但刘琎听到兄长喊他时，依然能够和白天一样保持着恭敬之心。

第二节　谨庠序之教

孟子曰："谨庠序①之教，申②之以孝悌之义，颁白者③不负戴于道路④矣。"

——《孟子·梁惠王上》

译　文

孟子说："办好各级学校，反复地用孝敬父母、敬爱兄长的道理来教育学生，那么须发花白的人也就不会头顶着、背负着物件在路上行走了。"

解　读

孟子认为，孝悌教育应是各级各类学校教育的一项基本内容。只有把孝悌教育搞好，才能实现孔子提出的"老者安之"的社会理想。

---

①庠（xiáng）序：古代的地方学校，后也泛称学校或教育事业。
②申：重复，一再。这里指反复教育。
③颁白：须发花白。颁，通"斑"。
④负戴：负，背。戴，把东西顶在头上。

相关章句

教之所由生

子曰："夫孝，德之本也，教之所由生也。"

——《孝经·开宗明义章》

孔子说："孝道，是德行的根本，一切教化都由孝道而生。"

教 以 孝 悌

子曰："教以孝，所以敬天下之为人父者也。教以悌，所以敬天下之为人兄者也。"

——《孝经·广至德章》

孔子说："教人行孝道，使天下做父亲的人都能得到尊敬；教人行悌道，使天下做兄长的人都能受到尊敬。"

暇 日 之 修

孟子曰："壮者以暇日修其孝悌忠信，入以事其父兄，出以事其长上。"

——《孟子·梁惠王上》

孟子说："让青壮年利用闲暇修习孝悌忠信之道，做到在家侍奉父兄，出门在外侍奉长上。"

宜兄宜弟，以教国人

《诗》云："宜兄宜弟。"宜兄宜弟，而后可以教国人。

——《礼记·大学》

《诗经》上说："家中兄弟要和睦相处。"兄弟之间和睦相处，然后才能教化国人。

案 例

商鞅弃"孝悌之教"

商鞅，卫国王室之后，又称公孙鞅。因为变法有功，他被秦孝公封在商地，所以被称为"商鞅"。

商鞅是战国时期的政治家、改革家、思想家，法家代表人物。他通过变法使秦国的经济得到发展，军队战斗力不断增强，从而成为战国后期最强大的国家。这次变法史称"商鞅变法"。

商鞅变法的负面影响也不小，其中之一便是贬毁儒家学说，抛弃仁义，将华夏先民的"孝悌之教"抛诸脑后。所以，秦国虽然强大了，但是民风民俗却每况愈下。当时，秦国大臣赵良建议商鞅"养老存孤，敬父兄，序有功，尊有德"，可是商鞅拒不接受，一意孤行。汉初大儒贾谊曾这样评价商鞅变法："遗礼仪，弃仁恩，并心于进取，行之二岁，秦俗日败。"商鞅变法完全不顾家庭伦理，违背人世间至纯至真的孝悌之道，后来商鞅自食其果，在报复性叛乱中被车裂身亡。秦人不重"孝悌之教"的风气一直延续下去。秦始皇统一天下后，仍推行高压政策，不重"养老""恤孤"，最终失民心，丧天下。

黄霸以"孝悌"教化

《汉书·循吏传》记载："颍川太守霸，宣布诏令，百姓乡（向）化，孝子、弟弟、贞妇、顺孙日以众多。田者让畔，道不拾遗，养视鳏寡，赡助贫穷。狱或八年亡重罪囚。吏民乡（向）于教化，兴于行谊，可谓贤人君子矣！"

这段话的大意是：颍川郡太守黄霸，积极宣扬皇上诏令，百姓遵从教化，守孝之子、尊长之弟、贞洁之妇、乖顺之孙日渐增多。耕田的人互相谦让地界，路人不捡拾别人遗失的物品。黄霸组织官员供养鳏寡老人，资助贫穷人家，甚至监狱里八年都没有出现过重罪囚犯。官吏民众向往教化，注重道德，这真可以说是一种贤人君子的风尚啊！

第三节　为仁之本

有子①曰："其为人也孝弟②，而好犯上③者，鲜矣；不好犯上，而好作乱④者，未之有也⑤。君子务本⑥，本立而道生⑦。孝弟也者，其为仁之本与！"

——《论语·学而》

译　文

有子说："孝敬父母、尊敬兄长却好冒犯上级的人是极少有的；不好冒犯上级而好作乱的人从未有过。君子潜心于根本的事情，根本确立了，道自然就产生了。孝悌实在是遵行仁道的根本。"

解　读

这段话是有子对孔子仁学思想的体会和发挥。他认为，实践仁道，应从孝悌入手。一个人遵从孝悌之道，就不会冒犯长上，也

①有子：有若，字子有，春秋末期鲁国人，孔子的弟子。他知礼善言，貌似孔子。

②弟：音 tì，同"悌"，敬爱兄长。

③犯上：冒犯长上。

④作乱：做悖乱法纪的事。

⑤未之有也：即"未有之也"，指不会有犯上作乱的事情发生。

⑥务本：专心致志于根本。务，专力。

⑦本立而道生：根本已经建立，仁道即可由此产生。本，指孝悌之道。

不会犯上作乱。所以，孝悌作为"仁之本"，对于稳定社会具有重要作用。

相关章句

亲 亲 为 大

仁者，人也，亲亲为大。

——《礼记·中庸》

仁，就是人，亲爱亲人就是最大的仁。

德 之 始 序

孔子曰："孝，德之始也；悌，德之序也；信，德之厚也；忠，德之正也。参中夫四德者也。"

——《孔子家语·弟子行》

孔子说："孝，是德行的开端；悌，是德行的次第；信，是德行的加深与丰厚；忠，是德行的准则。曾参符合这四种德行。"

案 例

李密《陈情表》

李密（224—287），字令伯，犍（qián）为武阳（今四川省眉山市彭山区）人。李密自幼丧父，母何氏改嫁，由祖母抚养成人。后来，李密因为对祖母非常孝敬而扬名于世。

李密初仕蜀汉为尚书郎。蜀汉亡，晋武帝下诏征李密为太子洗马（官名），诏书累下，郡县不断催促，于是李密向晋武帝上表无法应诏的原因，这就是著名的《陈情表》。文中叙述了李密命途多舛（chuǎn），自幼受到祖母的抚养而长大成人的经历，表达了李密愿常侍祖母左右、为祖母尝汤喂药的愿望，其表情真意切，孝感动天。故有"不读《出师表》，不知何为忠；不读《陈情表》，不知何为孝"一说。

李密为了报答祖母的养育之恩，不顾功名利禄，不惜得罪朝廷，这正是中华民族与生俱来的伦理共识与文化认同："孝弟也者，其为仁之本与！"

经典简介

《孝 经》

《孝经》，相传是两千多年前由孔子口授、曾参（或其门人）辑录而成的，全篇不足两千字。《孝经》言简意赅，内容丰富，影响深远，从汉代开始便成为各级各类学校必教必读的经典著作。唐代学者徐彦曾说："《孝经》者，尊祖爱亲，劝子事父，劝臣事君，理关贵贱，臣子所宜行，故曰'行在《孝经》'也。"

《孝经》阐述了"孝悌之道"的基本内容及其在各个领域的运用。它分别从孝的原理、孝的原则、孝的行为、孝的事项、孝的功能、孝的推广、孝与家族、孝与政治、孝与社会、孝与刑法、孝与礼仪等方面做出了简明扼要的论述，使读者有理可循，有据可依，并且行之有效，行而无弊。

第四节　泰伯至德

子曰："泰伯①，其可谓至德②也已矣。三以天下让③，民无得而称焉④。"

——《论语·泰伯》

译　文

孔子说："泰伯，那可以说是德行最高了。多次让出国君位置，老百姓真不知如何来称赞他。"

解　读

泰伯三让天下，非常难得，所以老百姓都不知道如何来称赞他。其实，这不过是远古氏族制度下民主遗风的一种表现。中国古代文献中关于避开君位逃跑躲藏的故事有好几个，都有其真实的历史背景。远古时期，氏族首领集权意识不那么强烈，不搞特权，确属"为人民服务"的公仆。

---

①泰伯：又称"太伯"，商末西岐君主古公亶父的长子。他才识卓绝，德行无边，助其父治理西岐，深得臣子之心。

②至德：最崇高的品德。

③三以天下让：多次把王位推让给弟弟季历。三，这里是虚指，多。天下，泛指全国或全世界，此处实指周部落政权。

④民无得而称焉：老百姓不知道该怎么称赞他。称，称赞。

资料简介

太伯"三让天下"

《吴越春秋》记载，古公亶父（又称"周太王"，是周王朝的奠基人）有三个儿子：长子太伯（亦作"泰伯"）、次子仲雍、三子季历。季历之子姬昌，即后来的周文王，自小聪明过人，才华出众，深得古公亶父之宠。古公亶父曾言："兴王业者，其在昌乎！"意在传位于季历，再传姬昌。

古公亶父的长子太伯，是个十分孝顺的人。当他察觉到父亲终日因王位传承一事而忧心忡忡时，便决意成全父亲的心愿，让位于三弟季历。他和二弟仲雍在父亲生病时借采药之名离开国都，跑到荆蛮之地，断发文身，穿当地人穿的服装，以示不可用。古公亶父临终时，令季历将王位让给太伯。后来，古公亶父病逝，太伯、仲雍赶回奔丧。季历坚持要把王位还给太伯，太伯还是推辞不受。丧毕，太伯和二弟仲雍再次离开国都，前往长江以南无锡梅里定居下来。不久后，季历遭商王暗害而死，太伯又返回岐山奔丧，群臣与侄子姬昌再次请求太伯即位，太伯仍不肯接受，又一次推掉了王位。

太伯与仲雍在江南带领百姓兴修水利、种桑养蚕，建立了江南第一村"荆村"、第一巷"蛮巷"、第一条人工河"太伯渠"。太伯受到当地民众的爱戴，被拥立为国君，建立了江南第一个国家——勾吴。

太伯无子，卒后传位于二弟仲雍。至此，太伯成就了两家天下，一为三弟的周天下，二为二弟的吴天下，其德之高尚令后人敬仰，被尊为"至德先圣""三让王""江南人文之祖"。

太伯是孔子非常敬重的一个人。他"三让天下"的孝悌至德一直为后世之楷模。周朝之所以相传三十代、绵延八百年，成为中国历史上持续时间最久的一个朝代，其中一个重要原因就是恪守孝悌之道。

相关章句

立爱自亲始

子曰："立爱自亲始，教民睦也；立教自长始，教民顺也。教以慈睦，而民贵有亲；教以敬长，而民贵用命。孝以事亲，顺以听命，错诸天下，无所不行。"

——《礼记·祭义》

孔子说："培养爱心从爱父母开始，这样就可以教民和睦；确立教化从敬顺长上开始，这样就可以教民顺从。用慈爱和睦进行教化，百姓就会以爱父母为美德；用敬顺长上进行教化，百姓就会乐于服从命令。百姓既孝敬父母，又恭顺听从命令，用这种道理施行于天下，就没有行不通的事了。"

圣人之德，莫大乎孝

曾子曰："敢问圣人之德，无以加于孝乎？"

子曰："天地之性，人为贵。人之行莫大于孝，孝莫大于严父，严父莫大于配天，则周公其人也。昔者，周公郊祀后稷以配天，宗祀文王于明堂以配上帝，是以四海之内各以其职来祭。夫圣人之德，又何以加于孝乎？"

——《孝经·圣治章》

曾子说："请问老师，圣人之德有大过孝道的吗？"孔子说："天地万物之中，以人为贵。人的品行没有比孝行更伟大的了。孝行中没有比敬重父亲更重要的了。祭祀时以父祖先辈配祀，始于周公。从前周公在郊外祭天时，把始祖后稷和苍天一起祭祀；在宗庙堂祭时，把文王和天帝一起祭祀。由于周公这样做，所以四海之内的诸侯臣民都予以效仿。可见圣人之德，又有哪一种能大过孝道呢？"

案例

季札让国

《史记·吴太伯世家》记载："二十五年，王寿梦卒。寿梦有子四人：长曰诸樊，次曰馀祭，次曰馀眜，次曰季札。季札贤，而寿梦欲立之，季札让不可，于是乃立长子诸樊，摄行事当国。王诸樊元年，诸樊已除丧，让位季札。季札谢曰：'曹宣公之卒也，诸侯与曹人不义曹君，将立子臧，子臧去之，以成曹君，君子曰能守节矣。君义嗣，谁敢干君！有国，非吾节也。札虽不材，愿附于子臧之义。'吴人固立季札，季札弃其室而耕，乃舍之。"

这段话的大意是：寿梦二十五年（公元前 561 年），吴王寿梦去世。寿梦有四个儿子：长子诸樊，次子馀祭，三子馀眜，四子季札。其中，季札最为贤明。寿梦临死前，有意将王位传给季札，他却不肯接受。于是，寿梦只好立长子诸樊，由他摄行国事。王诸樊元年，诸樊待孝期过后，便按照父亲的意愿将王位让给季札。而季札却婉言谢绝道："曹宣公死后，诸侯和曹国人都认为新君不合格，想要推举子臧为曹国君主，子臧却立刻远离曹国，以成全曹国新君，君子皆赞美子臧为守节的盛德之人。您作为长子继承王位天经地义，别人能说什么？国君，不是我应该做的。我虽不才，但是也想效仿子臧的义举。"吴国人都坚持立季札为吴王，季札反而抛弃宗室身份，自己种地去了，吴国人也只好放弃了这个念头。

第五节　仁义之实

孟子曰："仁之实①，事亲是也；义之实，从兄是也；智之实，知斯二者弗去②是也；礼之实，节文③斯二者是也；乐④之实，乐⑤斯二者，乐⑥则生矣；生则恶可已⑦也，恶可已，则不知足之蹈之手之舞之。"

——《孟子·离娄上》

译　文

孟子说："仁的实质，是侍奉父母；义的实质，是顺从兄长；智的实质，是明白这两者的道理并坚持下去；礼的实质，是调节、修饰这两者；乐的实质，是高兴地实现仁、义，这样快乐也就产生了；快乐一旦产生就遏制不住，遏制不住，就会情不自禁地手舞足蹈起来。"

---

①实：实际内容，核心，实质。
②去：放弃。
③节文：节，调节。文，修饰。
④乐：音 yuè，音乐。
⑤乐：音 lè，快乐。
⑥同⑤。
⑦恶可已：即"不可已"，不可遏止。其中，恶，音 wū，古同"乌"，疑问词或感叹词，哪、何。已，停止。

解　读

孟子继承并发展了孔子孝悌乃为仁之本的思想，提出了孝悌为仁义之实的观点。

成　语

手舞足蹈：双手舞动，双脚跳起来，形容高兴到了极点。

相关章句

良 知 良 能

孟子曰："人之所不学而能者，其良能也；所不虑而知者，其良知也。孩提之童，无不知爱其亲者；及其长也，无不知敬其兄也。亲亲，仁也；敬长，义也。无他，达之天下也。"

——《孟子·尽心上》

孟子说："人不用学习就能做到的，是人生来就有的能力；不用思考就知道的，是人生来就有的知觉。两三岁的孩子，没有不知道爱父母的；等到长大了，没有不知道恭敬兄长的。爱父母，就是仁；敬兄长，就是义。没有别的缘故，这是通行于天下的道理啊。"

良知良能，是不虑而知、不学而能的，是人性中本来就有的，是一种本然的善。所以孟子说，亲亲的"仁"和敬长的"义"乃人之"良知良能"，是普天下的人都具有的善性。

成语"良知良能"出自于此，指人先天所具有的辨明是非善恶的能力与智慧。

四心四端

孟子曰："恻隐之心，仁之端也；羞恶之心，义之端也；辞让之心，礼之端也；是非之心，智之端也。人之有是四端也，犹其有四体也。有是四端而自谓不能者，自贼者也；谓其君不能者，贼其君者也。凡有四端于我者，知皆扩而充之矣，若火之始然、泉之始达。苟能充之，足以保四海；苟不充之，不足以事父母。"

——《孟子·公孙丑上》

孟子说："同情之心是仁的萌芽，羞耻之心是义的萌芽，谦让之心是礼的萌芽，是非之心是智的萌芽。人有这四种萌芽，就好像有手足四肢一样，是自然而然的。有这四种萌芽却自认为不行的人，是自暴自弃的人；认为他的君主不行的人，是残害君主的人。凡具有这四种萌芽的人，如果懂得把它们发扬光大，就会像刚刚燃烧的火焰、刚刚流出的泉水一样，一发而不可遏止。假如能够发扬它，便足以安定天下；假如不发扬它，便连赡养父母都做不到。"

成语"恻隐之心"出自于此，指对别人的不幸表示同情。

案 例

隽不疑严而不残

《汉书·隽不疑传》记载："（隽不疑）每行县录囚徒还，其母辄问不疑：'有何平反，活几何人？'即不疑多有所平反，母喜，笑为饮食，言语异于他时；或亡所出，母怒，为之不食。故不疑为吏，严而不残。"

这段话的大意是：隽不疑每次去县里审查犯人回来，母亲总会问他："有没有被平反的人？能让多少人活下来？"如果隽不疑说平反的人多，母亲就喜笑颜开，为他夹菜端饭，说话也带着高兴劲儿，与平时不一样；如果说没有平反的人出狱，母亲就会生气，甚至因此而不吃饭。所以，隽不疑为官执法严厉而不残忍。

隽不疑，字曼倩，西汉时渤海（今河北省沧州市）人。他孝顺父母，为官端正，执法严明而不残酷，其原因就在于母亲对他的仁德教育。

周琬救父

《明史·孝义传》记载："周琬，江宁人。洪武时，父为滁州牧，坐罪论死。琬年十六，叩阍请代。帝疑受人教，命斩之，琬颜色不变。帝异之，命宥父死，谪戍边。琬复请曰：'戍与斩，均死尔。父死，子安用生为？愿就死以赎父戍。'帝复怒，命缚赴市曹，琬色甚喜。帝察其诚，即赦之，亲题御屏曰'孝子周琬'。寻授兵科给事中。"

这段话的大意是：周琬，江宁（今江苏省南京市）人。明朝洪武年间，周琬的父亲担任滁州牧，犯了死罪。周琬当时只有十六岁，却敢叩击宫门，请求皇帝允许自己代替父亲去死。明太祖怀疑周琬这个举动是别人教的，非常生气，就要连周琬一起斩首。然而，周琬知道自己要死了，并没有流露出害怕的神色。明太祖很惊讶，就下令免他父亲一死，改为戍边。周琬再次向明太祖请求："戍边和斩首，都是死。父亲死了，儿子活着还能干什么？不如就用我的死来赎清父亲的罪过，让他不必去戍边了。"明太祖又非常生气，就命人把周琬绑了推出去斩首。周琬面露喜色。明太祖察觉到周琬的孝心是真诚的，就把他赦免了，并亲自题了"孝子周琬"四个字，没多久，又授予周琬兵科给事中的职位。

周琬年纪轻轻就能下决心代父赴死，其勇气令人感动。对父亲的孝心正是他发自内心的"良知良能"。

第六节　孝友为政

或谓孔子曰："子奚①不为政?"子曰："《书》云：
'孝乎惟孝，友于兄弟，施②于有政③。'是亦为政，奚其
为为政?"

——《论语·为政》

译　文

有人对孔子说："你为什么不参与政治?"孔子说："《尚书》
上说：'孝就是孝敬父母、友爱兄弟，把孝悌的道理施于政事。'
这就是参与政治，还要怎样才能算是为政呢?"

解　读

孔子借用古文《尚书》中的一段话，提出了"孝友为政"的
观点，认为孝悌乃为政之本，对于治国理政具有重要作用。

---

①奚：何，为什么。
②施：延及。
③有政："有"字无义，加于名词之前，这是古代构词法的一种。政，
政治。

相关章句

孝悌所以事君长

孝者，所以事君也；弟者，所以事长也；慈者，所以使众也。

——《礼记·大学》

孝敬父母的人，就能忠心地侍奉国君；敬爱兄长的人，就能主动地侍奉官长；慈爱子女的人，就能真心地关爱民众。

孝悌可移于君长

子曰："君子之事亲孝，故忠可移于君；事兄悌，故顺可移于长；居家理，故治可移于官。"

——《孝经·广扬名章》

孔子说："君子侍奉父母能尽孝，所以能移孝作忠，对国君忠诚；侍奉兄长能尽敬，所以能移敬作顺，对上级顺从；在家能治理好家务，所以能移治于官，对公务尽心尽责。"

案 例

汉以孝治天下

汉代伊始，统治者就极力推行孝道。除西汉高祖刘邦和东汉光武帝刘秀外，历任皇帝都以"孝"为谥号，如孝惠帝、孝文帝、孝武帝、孝昭帝等，这表明了朝廷的政治追求和对"孝"的尊崇。提倡孝道、褒奖孝悌之举，成为汉代以孝治天下最明显的标志之一。凡有作为的帝王，都身体力行，率先实行孝道。例如，汉文帝刘恒为代王时，其母薄太后染病卧床，刘恒陪侍，目不交睫，衣不解带，亲尝汤药，三年如一日。

为了推行"以孝治天下"的基本国策，汉代把孝道纳入察举制度之中，用以选拔人才，考核官吏。凡行孝道、孝名远播者，即察孝廉，推荐为官。汉代另一项重要制度"孝悌力田"始于汉惠帝四年（公元前191年），用以奖励具备孝父母、敬兄长的德行和努力耕作的人，被选中者会受到赐爵、赐帛或复其身（即免除徭役）的优抚政策。

汉武帝时，《孝经》被列为各级各类学校的必读教材。无论贵族官僚还是平民百姓，都要接受"孝"的教育。这种教育不但要求人们事父母以孝，事兄长以悌，而且把家庭父子关系运用到国家君臣关系中，把孝亲与忠君直接相连。

因为汉代孝道盛行，所以老人在家庭和社会上地位很高，是家庭中举足轻重的人物。汉代以孝治天下的政策对后世政治有很大影响。两汉皇朝绵延四百余年，与其以孝治天下、以孝悌为美德的政治思想不无关系。

第七节 老吾老，以及人之老

　　孟子曰："老①吾老②，以及③人之老④；幼⑤吾幼⑥，以及人之幼⑦。天下可运于掌。《诗》云：'刑⑧于寡妻⑨，至于兄弟，以御⑩于家邦。'言举斯心加诸彼而已。故推恩足以保四海，不推恩无以保妻子。古之人所以大过人者，无他焉，善推其所为而已矣。"

——《孟子·梁惠王上》

译 文

　　孟子说："尊敬自家的老人，进而尊敬他人家的老人；关爱自家的孩子，进而关爱他人家的孩子。这样，治理天下就像在手掌之中运转小东西一样容易。《诗经》上说：'为妻子做出表率，兄弟们也会跟着学，进而能够治理好国家。'这说的就是推己及人的方法而已。所以说，推广恩惠足以安定天下，不推广恩惠连自己

①老：尊重。这里做动词用。

②老：老人，长辈。这里做名词用。

③及：推及，进而。

④同②。

⑤幼：抚养，教育。这里做动词用。

⑥幼：子女，晚辈。这里做名词用。

⑦同⑥。

⑧刑：通"型"，示范。

⑨寡妻：国君自称其妻的谦辞。

⑩御：行。

的老婆孩子都保护不了。古代圣贤之所以远远超过一般人，没有别的原因，就是善于推广他们的善行罢了。"

解 读

孟子提倡仁政，认为孝悌乃仁政之本。"老吾老，以及人之老；幼吾幼，以及人之幼"，孟子认为，把孝悌之心推及他人，就能做到"天下可运于掌"，亦即"推恩足以保四海，不推恩无以保妻子"。

成 语

老吾老，以及人之老；幼吾幼，以及人之幼：把对待自己家老人和孩子的态度推及别人家老人和孩子身上。

相关章句

明王孝治天下

子曰："昔者明王之以孝治天下也，不敢遗小国之臣，而况于公、侯、伯、子、男乎？故得万国之欢心，以事其先王。治国者，不敢侮于鳏寡，而况于士民乎？故得百姓之欢心，以事其先君。治家者，不敢失于臣妾，而况于妻子乎？故得人之欢心，以事其亲。夫然，故生则亲安之，祭则鬼享之，是以天下和平，灾害不生，祸乱不作。故明王之以孝治天下也如此。《诗》云：'有觉德行，四国顺之。'"

——《孝经·孝治章》

孔子说："从前，圣明的君王以孝道治理天下，即使对小国的使臣都不敢失礼，更何况对公、侯、伯、子、男等诸侯呢？因此能得到各国诸侯的爱戴，使他们乐意侍奉先王。治理一国的诸侯，即使对鳏夫和寡妇都不敢轻慢，更何况对士人和平民呢？所以能得到全国百姓的爱戴，使他们乐意侍奉先君。治理采邑的卿大夫，即使对下臣婢妾也不失礼，更何况对自己的妻子儿女呢？所以能得到全邑人民的爱戴，使他们乐意侍奉其父母亲。正因为这样，才会让父母生时安乐，死后安享祭奠，因此天下和睦太平，灾害不生，祸乱不会出现。这些都是圣明的君王以孝道治理天下才能达到的境界。《诗经》说：'天子有崇高的德行，四方诸侯无不仰慕归顺。'"

孝亲敬长天下平

孟子曰："道在迩，而求诸远；事在易，而求诸难。人人亲其亲，长其长，而天下平。"

——《孟子·离娄上》

孟子说："做人的道理本来很近，却要向远处去求；做事的道理本来很容易，却要向难处去做。只要人人能够爱自己的父母，尊敬自己的长辈，天下就太平了。"

养 老 之 礼

凡养老，有虞氏以燕礼，夏后氏以飨礼，殷人以食礼，周人修而兼用之。五十养于乡，六十养于国，七十养于学，达于诸侯。

——《礼记·王制》

凡养老之礼（各朝皆不同），有虞氏用燕礼，夏后氏用飨礼，殷人用食礼，周人对三代的养老礼斟酌取舍而兼用之。年五十的人在乡中行养老礼，年六十的人在国都行养老礼，年七十的人在大学行养老礼，（这种分级行养老礼的办法）从天子到诸侯都实行。

案　例

周代养老之礼

在社会的长期发展过程中，长幼有序、事亲至孝、敬老崇德等已成为中华民族传统文化的重要组成部分。据文献记载，到了周代，礼制逐渐健全、完善。周文王大力提倡敬老尊贤，并以身作则，敬伯夷、姜太公二位长者为上宾，对他们的关怀无微不至，因此社会敬老之风盛行。

养老之礼，是指古代天子、国君和地方官吏举行的敬重老人的礼仪。最突出的养老之礼莫过于周代每年腊月举行的养老大典——乡饮酒之礼。周代举行乡饮酒之礼时，地点选择在各级学校，因为学校具有示范、推广作用。恰如《礼记·正义》所言："养老必在学者，以学教孝悌之处，故于中养老。"养老的对象分为两大类：一类是大夫以上有威望的退休长者，称为国老；另一类是普通百姓中年长贤德者及烈士父祖，称为庶老。

在周代，养老之礼通常包括以下几项内容：一是设置公宴。比如，民间的乡饮酒之礼和朝廷举办的宴会，宴会上给老人以很高的礼遇。二是颁布有关待遇。《管子》记载："凡国皆有养老，年七十以上，一子无征，三月有馈肉；八十以上，二子无征，月有馈肉；九十以上，尽家无征，日有酒肉。劝子弟精膳食，问所欲，求所嗜，此之谓老老。"其中，"老老"就是敬老的意思。三是朝廷给国老颁发鸠杖（玉杖）。"鸠"有两层含义：一层含义为安定，象征老人终身有靠；另一层含义为不噎，鸠鸟食道宽，吞咽顺利，祝福老人吃饱吃好。鸠杖还是权力和荣誉的象征，老人凭杖可以享受一定的待遇，类似于现在的荣誉证书。

第八节 尧舜之道，孝悌而已

孟子曰："徐行①后长者谓之弟，疾行②先长者谓之不弟。夫徐行者，岂人所不能哉？所不为也。尧舜之道，孝弟而已矣。子服尧之服，诵尧之言，行尧之行③，是尧而已矣。子服桀之服，诵桀之言，行桀之行，是桀而已矣。"

——《孟子·告子下》

译 文

孟子说："慢步走在长者后面叫作悌，快步走在长者前面叫作失礼。慢步走，难道是人们做不到的吗？只是不做罢了。尧舜的美德，其实就是孝悌而已。你穿尧的衣服，说尧所说的话，做尧所做的事，这样就是尧了。你穿桀的衣服，说桀所说的话，做桀所做的事，这样就是桀了。"

解 读

孟子先以"徐行"为例，说明什么是悌以及长幼有序的道理，进而阐明"尧舜之道，孝弟而已"，并认为"人皆可以为尧舜"，关键在于是否依照尧舜之道行事。孟子在这里提出了一个"能不

①徐行：慢步走。
②疾行：快步走。
③行：行为。

能"和"为不为"的问题，是对孔子"为仁由己"思想的进一步发挥。

相关章句

舜其大孝

子曰："舜其大孝也与！德为圣人，尊为天子，富有四海之内，宗庙飨之，子孙保之。"

——《礼记·中庸》

孔子说："舜真是大孝之人啊！论德行，他是圣人，论地位，他是尊贵的天子，四海之内都归他所有，死后有宗庙祭祀他，子子孙孙都传承他的风范。"

成语"富有四海"出自于此，指充分享有全国一切财富，旧时经常用来形容帝王最富有。

天子之孝

子曰："爱亲者，不敢恶于人；敬亲者，不敢慢于人。爱敬尽于事亲，而德教加于百姓，刑于四海。盖天子之孝也。《甫刑》云：'一人有庆，兆民赖之。'"

——《孝经·天子章》

孔子说："爱戴父母的人，不会厌恶别人的父母；孝敬父母的人，不会怠慢别人的父母。天子以爱敬之心侍奉双亲，而将德行教化施于百姓，使天下人遵循效法。这就是天子的孝道啊。《尚书·甫刑》说：'天子孝敬自己的父母，百姓便效法他而孝敬父母了。'"

三皇五帝之本务

夫孝，三皇五帝之本务，而万事之纪也。夫执一术而百善至、百邪去、天下从者，其惟孝也。

——《吕氏春秋·孝行览》

孝道，是三皇五帝执政的根本，处理一切事务的纲纪。掌握一种方法，从而使所有好事都到来，所有邪恶都消失，天下人都认同跟从，大概只有孝道吧。

案　例

尧帝禅让

尧帝，号放勋，因封于唐，故称"唐尧"。尧帝在位七十年，生活俭朴，吃粗米饭，喝野菜汤。他为人恭谨，德高望重，光照四方，能使邦族之间团结一心，和睦相处，深得民众爱戴。尧帝认为儿子丹朱不成器，决定从民间选用贤良之才，从而开创了帝王禅让之先河。

尧问四方诸侯首领谁能担负起天子的重任，四方诸侯首领说民间有个单身汉叫虞舜，他可以担负起天子的重任。于是，尧微服私访，来到历山一带。在田间，他看见一个身材魁伟的青年正在耕地，犁前一头黑牛、一头黄牛。奇怪的是，这个青年并不用鞭子打牛，而是敲打犁辕上挂着的簸箕。尧便上前问道："耕夫都用鞭子打牛，你为何只敲簸箕不打牛？"舜见有老人问话，便拱手作揖答道："牛为人耕田，出力流汗很辛苦，再用鞭打，于心何忍！我打簸箕，黑牛以为我打黄牛，黄牛以为我打黑牛，就都卖力拉犁了。"尧一听，觉得这个青年既有智慧，又有善心，对牛尚且如此，对百姓就会更有爱心了。紧接着，尧又与舜谈论了一些治理天下的大事，他发现舜明事理、晓大义，非一般人之见。

此后，尧又走访了方圆百里，所到之处人人都夸舜为贤良之才。于是，尧决定试一试舜。他把娥皇、女英两个女儿嫁给了舜，以观其德；又把九个男儿安排在舜周围，以观其行。他还把舜放进深山之中，结果虎豹毒蛇都被他驯服了；舜头脑清醒，方向明确不迷路，很快就从深山里走了出来。尧先让舜在朝中做虞官，三年后，便让他代行天子之政。

本章思考题

1. 孔孟"孝悌为本"的思想主要体现在哪些方面？

2. 在孔孟看来，如何在教学中推行孝悌之道？

3. 为什么说孝悌是仁德之本、仁义之实？

4. 孝悌与为政之间有什么关系？怎样理解"尧舜之道，孝弟而已"这句话的内涵？

第二章 赡养之孝

孔孟论孝，时常孝悌并论，以强调二者的必然联系及其重要性。但是，在《论语》《孟子》等经典中，更多篇幅是在论孝，回答什么是孝和如何尽孝的问题。在孔孟看来，孝首先是指赡养之孝，尽赡养父母之责是孝的最起码的要求。父母养育子女倾注了全部的爱，付出了毕生的心血。他们年老之后，需要照顾，子女有义务赡养父母，使其安度晚年。同时，赡养之孝也是子女对父母养育之恩的一种合理回报。

第一节　父母在，不远游

子曰："父母在，不远游，游必有方①。"

——《论语·里仁》

译　文

孔子说："父母在世，不出远门；如果要出远门，必须告知去处。"

解　读

"父母在，不远游"，意在为人子女者应尽赡养父母之责。即使出远门，也必须告诉父母自己的去处，一方面避免让父母牵挂，另一方面，若有急事，也便于家人寻找。

如今，交通便捷，不远游似乎已不可能，但是我们要做到"游必有方""常回家看看"，避免让父母挂念，尽赡养父母之责。这仍具现实意义。

---

① 方：一定的去处。

相关章句

所游必有常

夫为人子者，出必告，反必面，所游必有常。

——《礼记·曲礼上》

为人子女，出门必先禀告父母，回到家也必须面见父母，出游必须有明确的去处。

出不易方，复不过时

亲老，出不易方，复不过时。

——《礼记·玉藻》

父母年老了，子女出门尽量不要随意改变去处，返回不要超过预定的时间。

燕诗示刘叟

思尔为雏日，高飞背母时。当时父母念，今日尔应知。

——〔唐〕白居易《燕诗示刘叟》

（现在你的子女不孝顺你，）你要好好想想你年轻时是怎么不顾父母年老体弱自己高飞的。当时你父母的心情，现在你也应该知道了。

案 例

子欲养而亲不待

《孔子家语·致思》记载："孔子适齐，中路闻哭者之声，其音甚哀。孔子谓其仆曰：'此哭哀则哀矣，然非丧者之哀矣。'驱而前，少进，见有异人焉，拥镰带索，哭者不哀。孔子下车，追而问曰：'子何人也？'对曰：'吾，丘吾子也。'曰：'子今非丧之所，奚哭之悲也？'丘吾子曰：'吾有三失，晚而自觉，悔之何及？'曰：'三失可得闻乎？愿子告吾，无隐也。'丘吾子曰：'吾少时好学，周遍天下，后还，丧吾亲，是一失也；长事齐君，君骄奢失士，臣节不遂，是二失也；吾平生厚交，而今皆离绝，是三失也。夫树欲静而风不停，子欲养而亲不待。往而不来者，年也；不可再见者，亲也。请从此辞。'遂投水而死。孔子曰：'小子识之！斯足为戒矣。'自是弟子辞归养亲者十有三。"

这段话的大意是：孔子到齐国去，在路上听到有哭声，声音十分哀伤。孔子告诉学生说："这哭声哀伤倒是哀伤，但不是死去亲人的那种哀伤。"驱车向前，没多远，见有一位怪人，拿着镰刀和绳子，不停地哭泣。孔子下了车，追上他问道："您尊姓大名？"他回答说："我叫丘吾子。"孔子说："你又不是在举行丧礼的地方，为什么哭得这么悲伤呢？"丘吾子说："我一生有三大过失，到了晚年才醒悟，后悔又怎么来得及呢？"孔子说："我可以听听这三大过失吗？希望您能告诉我，不要隐瞒。"丘吾子说："我年少时好学，求学遍及四方，后来回来，我的父母都已去世了，这是我的第一大过失；我年长时做齐国国君的臣下，国君骄横奢侈失去臣下的拥护，而我没能全尽臣节，这是我的第二大过失；我一生重视交友，但现在朋友都离我而去，断绝了关系，这是我的第三大过失。树想要静下来，而风却不停地吹；做子女的想赡养父母，而他们却等不到那一天。流逝了再也不会回来的，是岁月；永远不可能再见到的，是去世的父母。请让我们从此诀别吧。"于是，他投水而死。孔子说："弟子们要记住丘吾子的这些话！这些教训足以使你们引以为戒。"从这以后，弟子们告别老师回家赡养父母的有十三人。

这是孔子告诫弟子谨记丘吾子之"三失"的故事。"树欲静而风不止，子欲养而亲不待"，就是希望人们行孝要及时，"孝养"应趁父母健在时，而不要等到他们去世之后，否则悔之晚矣。

成语"树欲静而风不停"出自于此，同"树欲静而风不止"，意思都是树想要静下来，风却不停地刮着，比喻事情不能如人所愿。

第二节　弃老取幼，家之不祥

　　哀公问于孔子曰："寡人闻东益①不祥②，信有之乎？"孔子曰："不祥有五，而东益不与③焉。夫损人自益，身之不祥；弃老而取幼，家之不祥；释④贤而任不肖⑤，国之不祥；老者不教，幼者不学，俗之不祥；圣人伏匿⑥，愚者擅权，天下不祥。不祥有五，东益不与焉。"

　　　　　　　　　　　　　　——《孔子家语·正论解》

译　文

　　哀公问孔子说："我听说向东拓展房屋是不吉利的，真是这样吗？"孔子说："不吉利的事情有五种，而向东拓展房屋这件事不包括在内。损人利己，自身不吉利；遗弃老人而只关爱子女，家庭不吉利；放弃贤人而任用小人，国家不吉利；老人不教育后代，年幼的人不学习，社会不吉利；圣人隐匿不出，而愚人专权，天下不吉利。不吉利的事情有五种，向东拓展房屋不包括在内。"

　　孔子认为，"弃老而取幼，家之不祥"。对于已婚且有儿女的人而言，这是最易犯的一种通病，所以这段话在今天仍具现实意义。

---

　　① 益：增建（房子）。

　　② 祥：吉利。

　　③ 与：包括。

　　④ 释：放弃。

　　⑤ 不肖：不贤。

　　⑥ 伏匿：隐藏。

相关章句

哀哀父母，生我劬劳

蓼（lù）蓼者莪（é），匪莪伊蒿。哀哀父母，生我劬（qú）劳。

——《诗经·小雅·蓼莪》

丛丛高大抱娘蒿，不是莪蒿是艾蒿。可怜我的父和母，生我养我多辛劳。

欲报之德，昊天罔极

父兮生我，母兮鞠我。拊我畜我，长我育我。
顾我复我，出入腹我。欲报之德，昊天罔极！

——《诗经·小雅·蓼莪》

父亲啊，生下我；母亲啊，哺育我。抚养我啊爱护我，养我长大教育我。
照顾我啊挂念我，出出进进怀抱我。想要报答父母恩，恩情如天报不了！

案 例

原谷谏父

原谷有祖，年老，谷父母厌憎，欲捐之。谷年十有五，谏父曰："祖育女生儿，勤俭终身，岂有老而捐之者乎？是负义也。"父不从，作舆，捐祖于野。谷随，收舆归。父曰："汝何以收此凶具?"谷曰："他日父母老，无需更作此具，是以收之。"父惭，悔之，乃载祖归养。

——《渊鉴类函》

原谷的爷爷年纪大了，原谷的父母对他很厌恶，就想抛弃他。当时原谷十五岁，他劝谏父亲说："爷爷生儿育女，自己舍不得吃舍不得穿，为你们操劳了一辈子，怎么能把他老人家扔了呢？这可对不住他老人家呀！"原谷的父亲不听，做了一个小推车，把老人放上，扔到了荒郊野外。原谷也跟着去了，他又把那个小推车推回来了。父亲见此情景便问："你怎么把这败兴的玩意儿又推回来了？"原谷回答："等以后您和母亲老了，我就不需要再做这种车了，用这个就可以了。"父亲听后，深感惭愧、后悔，于是又用推车把老人推回家赡养。

第三节　事亲为大

孟子曰："事，孰为大？事亲①为大。守，孰为大？守身②为大。不失其身而能事其亲者，吾闻之矣；失其身而能事其亲者，吾未之闻也。孰不为事？事亲，事之本也。孰不为守？守身，守之本也。"

——《孟子·离娄上》

译　文

孟子说："侍奉谁最重要？侍奉父母最重要。守护什么最重要？守护自身（的节操）最重要。自身节操无所失又能侍奉父母的，我听说过；自身节操已失却能侍奉父母的，我没听说过。谁不侍奉？侍奉父母是根本。谁不守护？守护自身节操是根本。"

解　读

在孟子看来，"事亲"与"守身"是相通的。生命来自父母，"事亲"自然是天经地义的人伦大道。至于"守身"，则是我们为人处世的基础。一个人如果不能"守身"，便会使父母蒙羞，这样即使他对父母奉养再丰厚，也不能称得上"孝"，也就谈不上"事亲"。同样，一个人如果能真正发自内心地"事亲"，那他必然也

---

① 事亲：侍奉父母。
② 守身：守护自身节操。

能"守身"。

相关章句

修身不可不事亲

思修身，不可以不事亲。

——《礼记·中庸》

要修养自身，就不能不侍奉父母。

孝 之 大

曾子曰："甚哉！孝之大也。"
子曰："夫孝，天之经也，地之义也，民之行也。"

——《孝经·三才章》

曾子说："太伟大了！孝道是多么博大高深啊。"
孔子说："孝道，犹如日月运行、万物生长，是天经地义的事，也是作为人子最基本的品行。"

案 例

包拯辞官事亲

《宋史·包拯传》记载："包拯，字希仁，庐州合肥人也。始举进士，除大理评事，出知建昌县。以父母皆老，辞不就。得监和州税，父母又不欲行，拯即解官归养。后数年，亲继亡，拯庐墓终丧，犹裴（徘）徊不忍去，里中父老数来劝勉。久之，赴调，知天长县。"

这段话的大意是：包拯，字希仁，庐州合肥（今安徽省合肥市）人。他刚中进士就被任命为大理评事，出京城担任建昌县知县。因父母都年老，他推辞不去就职。包拯又被调任和州（今安徽省和县）监税的职务，可是父母不愿随行，他立即辞官回乡奉养父母。几年后，父母相继去世，包拯在墓旁筑小屋居住，直到守丧期满还徘徊不忍离去。家乡父老多次来劝他。过了很长时间，包拯才前往吏部听候选调，被任命为天长县知县。

第四节　不孝者五

孟子曰："世俗所谓不孝者五：惰其四支①，不顾父母之养，一不孝也；博弈好饮酒，不顾父母之养，二不孝也；好货财，私妻子，不顾父母之养，三不孝也；从②耳目之欲，以为父母戮③，四不孝也；好勇斗很④，以危父母，五不孝也。"

——《孟子·离娄下》

译　文

孟子说："人们所说的不孝行为有五种：四肢懒惰，不赡养父母，一不孝；赌博酗酒，不赡养父母，二不孝；贪图钱财，偏爱妻子儿女，不赡养父母，三不孝；放纵耳目声色之欲望，使父母蒙羞，四不孝；逞勇好斗，危及父母，五不孝。"

解　读

子女赡养父母，不仅是中华民族的传统美德，还是我国法律的明文规定。《中华人民共和国宪法》规定："成年子女有赡养扶

---

① 支：同"肢"，肢体。
② 从：同"纵"，纵容。
③ 戮：羞辱。
④ 很：同"狠"。

助父母的义务。"《中华人民共和国婚姻法》第二十一条规定："子女对父母有赡养扶助的义务。"《中华人民共和国老年人权益保障法》第十四条规定："赡养人应当履行对老年人经济上供养、生活上照料和精神上慰藉的义务，照顾老年人的特殊需要。"然而，当下子女不尽赡养义务的现象屡见不鲜，因此中华民族养老、尊老的优良传统亟待传承，我们任重道远。

成　语

好勇斗狠：爱逞威风，喜欢斗殴，形容人凶狠好斗。

相关章句

孝子之事亲

子曰："孝子之事亲也，居则致其敬，养则致其乐，病则致其忧，丧则致其哀，祭则致其严。五者备矣，然后能事亲。"

——《孝经·纪孝行章》

孔子说："孝子侍奉父母，居家时，态度要恭敬；奉养时，要使其快乐；父母生病时，要带着忧虑的心情去照料；父母去世时，要以哀伤之情料理后事；祭祀先人时，要严肃恭谨。以上五项都做得完备周全了，才可以称得上尽孝道了。"

孝子之养老

曾子曰："孝子之养老也，乐其心，不违其志；乐其耳目，安其寝处，以其饮食忠养之，孝子之身终。终身也者，非终父母之身，终其身也。是故父母之所爱亦爱之，父母之所敬亦敬之，至于犬马尽然，而况于人乎？"

——《礼记·内则》

曾子说："孝子赡养老人，要使老人心中感到快乐，不违背老人的意愿；要使老人耳目愉悦，居处安适，在饮食方面尽心奉养，一直到孝子生命结束。所谓生命结束，不是说父母的生命结束，而是说孝子的生命结束。因此，父母所喜爱的自己也要喜爱，父母所尊敬的自己也要尊敬，就是对父母所养的狗和马都是这样，何况对父母所爱的人呢？"

案 例

范 晔 不 孝

范晔（398—445），字蔚宗，南朝宋史学家，《后汉书》的作者。他博览经史，初为尚书吏部郎，后累迁至太子左卫将军。他为人恣情私欲，不尽孝道。嫡母去世时，范晔不及时奔赴探视。待他准备动身时，又舍不下妓妾，居然带其一同前去。后来，范晔与孔熙先等图谋废除宋文帝，结束事情败露，范晔被判死刑。临刑时，生母历数他的罪行，范晔面色竟毫无愧怍。等到妓妾来向他辞别时，范晔却悲泣不已，依依不舍。官府没收范晔家的财物非常多，珍贵服饰、古玩、珠宝等难以计算。他的妓妾服饰十分华贵，而其生母所居住的房屋却十分简陋，他的叔父穿的是单薄的粗布衣裳。

第五节　杀人亲之重

> 孟子曰："吾今而后知杀人亲之重也：杀人之父，人亦杀其父；杀人之兄，人亦杀其兄。然则非自杀之也，一间①耳。"
>
> ——《孟子·尽心下》

译　文

孟子说："我今天才知道杀死别人亲人的严重性：杀死别人的父亲，别人也会杀死他的父亲；杀死别人的哥哥，别人也会杀死他的哥哥。这样，虽然父亲和哥哥不是被自己杀死的，但也差不多了。"

解　读

这与孟子所说的"好勇斗很，以危父母，五不孝也"具有一致性。一个人如果好勇斗狠，最易伤害自身或他人之生命。自身伤亡，遗父母而不能养，已属不孝；若杀害他人，则他人之子女认为亲仇不共戴天，极可能杀害其父母以报复。所以好勇斗狠的结果，可能是自己父母被杀。这就是孟子所说的"以危父母"的含义。

---

① 一间：相距甚近。

相关章句

事亲者三戒

子曰："……事亲者，居上不骄，为下不乱，在丑不争。居上而骄则亡，为下而乱则刑，在丑而争则兵。三者不除，虽日用三牲之养，犹为不孝也。"

——《孝经·纪孝行章》

孔子说："侍奉父母要身居高位而不骄横自大，身居下位而不犯上作乱，地位卑贱时不争强好胜。居高位而骄横者必招致灭亡，在下位而作乱者必遭受刑罚，地位卑贱而与人激愤相争就会导致相互残杀。如果不戒除这三项逆行，即使每天用三牲（古代以牛、羊、猪为大三牲，以鸡、鸭、鱼为小三牲）尽心奉养双亲，也是个不孝之人啊。"

罪莫大于不孝

子曰："五刑之属三千，而罪莫大于不孝。要君者无上，非圣人者无法，非孝者无亲。此大乱之道也。"

——《孝经·五刑章》

孔子说："属五刑之罪有三千多种，其中没有比不孝的罪过更大的了。胁迫君主者，目无君上；非议圣人者，目无法纪；非议行孝者，目无双亲。这三种人的行径，就是天下大乱的根源。"

五刑：中国古代的五种刑罚，最初包括墨（将墨涂于犯人刺刻后的面部）、劓（音 yì，割去犯人的鼻子）、刖（音 yuè，砍掉犯人之足）、宫（割去男犯生殖器，破坏女犯生殖器）、大辟（音

pì，死刑）五种，后来改为笞（音 chī，鞭笞）、杖（棍杖）、徒（剥夺犯人自由）、流（流放到荒远之地）、死五种。

案 例

蓄志报复

清代纪晓岚在《阅微草堂笔记》中记载："又去余家三四十里，有凌虐其仆夫妇死而纳其女者。女故慧黠，经营其饮食服用，事事当意。又凡可博其欢者，冶荡狎媟，无所不至。皆窃议其忘仇。蛊惑既深，惟其言是听。女始则导之奢华，破其产十之七八。又谗间其骨肉，使门以内如寇仇。继乃时说《水浒传》宋江、柴进等事，称为英雄，怂恿之交通盗贼。卒以杀人抵法。"

这段话的大意是：离我家三四十里的地方，有一个人凌虐自家的一对仆人夫妇，将他们害死后，又把他们的女儿纳为小妾。这位女子聪明能干，伺候户主饮食穿着，让户主事事顺心。她又能对户主曲意奉承，亲昵放荡，为讨户主欢心无所不用其极。人们都偷偷议论她，说她忘了仇恨。女子对户主的蛊惑很深，户主渐渐对她言听计从。该女子开始引导户主走奢华败家之路，使其家产损失了七八成。她又用谗言离间其子女关系，使他们一家人像仇敌。接着，她又给户主讲《水浒传》中宋江、柴进等草莽称英雄的故事，怂恿户主结交强盗贼寇，最终使户主因杀人而被判死刑。

本章思考题

1. 你是怎样理解孔子的"父母在，不远游，游必有方"这句话的？其现实意义何在？

2. 为什么孔子说"弃老取幼"是"家之不祥"？怎样才能避免这种"不祥"的发生？

3. 孟子认为，"事亲为大""守身为大"。"事亲"与"守身"之间是一种什么关系？

4. 请复述孟子所说的"不孝者五"。今天是否还有这种现象？如何杜绝这种现象？

第三章

敬慕之孝

在孔子看来，『孝养』固然重要，但比『孝养』更重要的则是『孝敬』。子女对父母怀有敬慕之心，保持和颜悦色，由衷地尊重父母，就能给他们带来精神上的愉悦和情感上的满足。这便是敬慕之孝。

第一节　孝敬重于孝养

子游①问孝。子曰："今之孝者，是谓能养②。至于犬马，皆能有养；不敬，何以别乎？"

——《论语·为政》

译　文

子游请教什么是孝。孔子说："现在所谓的孝，只讲能够赡养父母。至于狗马，都能得到饲养；如果不心存敬意，那赡养父母与饲养狗马又有什么区别呢？"

解　读

孔子认为，孝的核心是敬。孝者不仅要养父母之身，还要养父母之心、父母之志。子女要重视同父母的心灵沟通，继承和发扬良好的家风。

---

①子游：言偃，字子游，春秋末期吴国人，孔子的弟子。
②养：赡养。这里指饮食供奉，即口体之养。

相关章句

不敬何以辨

子云："小人皆能养其亲，君子不敬，何以辨！"

——《礼记·坊记》

孔子说："小人都能赡养他的父母，君子赡养父母时如果不心存敬意，那与小人有什么区别呢！"

忠爱以敬

曾子曰："君子之孝也，忠爱以敬；反是，乱也。"

——《大戴礼记·曾子立孝》

曾子说："君子行孝，兼有对国君的忠、对父母的爱和对长辈的敬。如果不是这样，就乱了纲纪。"

案例

子路事亲以敬

《孔子家语·致思》记载："子路见于孔子曰：'负重涉远，不择地而休；家贫亲老，不择禄而仕。昔者由也事二亲之时，常食藜藿之食，为亲负米百里之外。亲殁之后，南游于楚，从车百乘，积粟万钟，累茵而坐，列鼎而食，愿欲食藜藿，为亲负米，不可复得也。枯鱼衔索，几何不蠹？二亲之寿，忽若过隙。'孔子曰：'由也事亲，可谓生事尽力，死事尽思者也。'"

　　这段话的大意是：子路拜见孔子说："背负很重的东西，走很远的路，就不会选择好地方才休息；家中贫穷，父母年老需要赡养，就不会选择高俸禄才做官。过去我侍奉父母的时候，常以野菜充饥，为父母到百里之外去背米。父母去世以后，我南下楚国做官，随从的车辆有百乘之多，积攒的粮食有万钟之多。坐在多层垫褥上，摆开大鼎，吃着丰盛的筵席，如今我还是想吃野菜，为父母背米，可是已经没有机会了。枯鱼穿在绳子上，有多少不腐烂的？父母的寿命，恍若白驹过隙。"孔子说："仲由侍奉父母，可以说父母在世时竭尽了全力，父母去世以后倾尽了思念。"

　　成语"累茵之悲""列鼎而食""枯鱼衔索"都出自这段话。"累茵之悲"指对已故父母的哀思。"列鼎而食"形容豪门贵族的奢侈生活。"枯鱼衔索"指穿在绳子上的干鱼，比喻事物存在的日子已经不多了。

第二节　行孝色难

子夏①问孝。子曰："色难②。有事，弟子③服④其劳，有酒食，先生⑤馔⑥，曾是以为孝乎？"

——《论语·为政》

译　文

子夏问什么是孝。孔子说："和颜悦色最难。有事情，年轻人代劳；有酒饭，年长者先吃。难道这就是孝吗？"

解　读

一个人是否有孝心，对父母是否孝敬，往往会通过他的面部表情显现出来。所以，在孔子看来，行孝"色难"。

---

①子夏：卜（bǔ）商，字子夏，春秋末期晋国（另有卫国、魏国二说）人，孔子的弟子。
②色难：指侍奉父母时做到和颜悦色是件难事。
③弟子：年轻人，也指子女。
④服：从事，担负。
⑤先生：长辈，也指父母。
⑥馔：音zhuàn，食用、吃喝。

相关章句

孝子之深爱

孝子之有深爱者，必有和气；有和气者，必有愉色；有愉色者，必有婉容。

——《礼记·祭义》

孝子对父母有深爱之心的，必定有和顺的态度；有和顺态度的，必定有愉悦的脸色；有愉悦脸色的，必定有温婉的容貌。

案 例

涤 亲 溺 器

《二十四孝》记载："宋黄庭坚，元祐中为太史，性至孝。身虽显贵，奉母尽诚。每夕，亲自为母涤溺器，未尝一刻不供子职。"

这段话的大意：宋朝的黄庭坚，在元祐年间做了大官，性情至孝。他虽然身份显贵，但是侍奉母亲至诚至孝。他每天晚上回到家都要先到母亲房间去问候，亲自给母亲洗涤便桶，没有一刻不尽到儿子的职责。

黄庭坚（1045—1105），字鲁直，号山谷道人，北宋分宁（今江西省修水县）人，著名诗人、书法家。他与苏轼齐名，世称"苏黄"。在艺术形式方面，黄庭坚讲究修辞造句，在宋代的影响颇大，开创了"江西诗派"。他又擅长草书、行书，为"宋四大家"之一，以非凡的文学造诣为后人留下了许多著作。

黄庭坚从小就懂得孝顺父母。他做了太史官后，虽然公务繁忙，但没有忘记母亲的恩情，一有时间就陪在母亲身边，嘘寒问暖，使母亲心情愉快。他家里有仆人，但许多事情他都不用仆人做，而是亲力亲为，比如为母亲洗涤便桶。有些人对此感到不解，问黄庭坚："您身为朝廷官员，家里有众多仆人，为什么还要亲自为母亲洗涤便桶，做这种卑贱的事呢？"黄庭坚回答道："孝顺父母是我的本分，同身份地位没有任何关系，怎能让仆人代劳呢？再说，孝敬父母是出自一个人对父母感恩的天性，怎么会有贵贱之分呢？"

戏 彩 娱 亲

《二十四孝》记载："老莱子，至孝，奉二亲，极其甘脆，行年七十，言不称老。常著五色斑斓之衣，为婴儿戏于亲侧。又尝取水上堂，诈跌卧地，作婴儿啼，以娱亲意。"

这段话的大意是：老莱子，非常孝敬父母，尽拣美味供奉双亲，七十岁尚不言老。他常穿着五色彩衣，手持拨浪鼓如小孩子般戏耍，以博父母开心。一次，他为双亲送水，假装摔倒，躺在地上学小孩子哭，使二老大笑。

第三节　父母之年，不可不知

子曰："父母之年①，不可不知也。一则以喜，一则以惧。"

——《论语·里仁》

译　文

孔子说："父母的年龄（亦指生日）不能不时时记在心里，一方面因其高寿而欢喜，另一方面因其年迈而有所恐惧。"

解　读

在孔子看来，一个有孝心的人会时时刻刻牵挂父母，不会不知道父母的年龄和生日。

相关章句

一言一行，不忘父母

故君子一举足不敢忘父母，一出言不敢忘父母。一举足不敢忘父母，故道而不径，舟而不游，不敢以先父母之遗体行殆也；一出言不敢忘父母，是故恶言不出于口，忿言不及于己。然后不辱

---

①年：年龄，亦指生日。

其身，不忧其亲，则可谓孝矣。

——《大戴礼记·曾子大孝》

君子一举一动都不敢忘记父母，一言一语也不敢忘记父母。一举一动不敢忘记父母，所以走大路而不走小路，渡河乘船而不游水，不敢拿父母给予的身体去冒险。一言一语不敢忘记父母，所以不好的话不敢说，愤怒的话不会涉及自己。这样才能不辱没自己，不让父母担忧，就可以说是孝了。

孝 子 爱 日

事父母自知不足者，其舜乎！不可得而久者，事亲之谓也。孝子爱日。

——〔汉〕扬雄《法言·孝至》

侍奉父母，一直觉得自己时间不多的，是大舜吧！不能长久拥有的，就是侍奉父母了吧。孝子都很珍惜侍奉父母的日子。

案 例

朱 熹 侍 母

南宋理学家朱熹侍奉母亲非常用心。他步入仕途之后，不能长期在家侍奉母亲，对老母亲的健康十分挂念。他曾在家书中写道："慈母年高，当以心平气和为上。少食勤餐，果蔬时伴。阿胶丹参之物，时以佐之。延庚续寿，儿之祈焉。"他每次出门前，都会按照母亲的喜好，亲手以桂花、板栗制饼，留给母亲，以慰老母思儿之情。

第四节　父母唯其疾之忧

> 孟武伯①问孝。子曰："父母唯其疾之忧②。"
> ——《论语·为政》

译　文

孟武伯问什么是孝。孔子说："使父母只担心子女的疾病，不必操心其行为。"

解　读

孔子对弟子与时人的提问，往往根据不同的人、事、境遇，不同的需要、特点而给予不同的答复。根据孟武伯为人的特点，孔子提醒他检点自己的行为，体察父母的爱心，不作奸犯科、铤而走险，以免使父母担心。

---

①孟武伯：孟懿子之子仲孙彘，谥号武。

②父母唯其疾之忧：这句话有两种解释，一种解释是子女非常担心父母生病，另一种解释是父母只为子女的疾病担忧，不必担心其行为。从《左传》的记载来看，孟武伯是个横行霸道、勇猛而不讲理的人，容易招惹祸端，所以第二种解释较有深意。

相关章句

敬身为大

子曰："君子无不敬也，敬身为大。身也者，亲之枝也，敢不敬与？不能敬其身，是伤其亲。伤其亲，是伤其本。伤其本，枝从而亡。"

——《礼记·哀公问》

孔子说："君子无所不用其敬，但尊敬自身却是最重要的。因为自身是双亲生出的枝叶，怎敢不敬重呢？不敬重自身，就是伤害双亲；伤害双亲，就是伤害自身的根本；伤害了根本，枝叶也就随之灭亡。"

不敢叹风尘

爱子心无尽，归家喜及辰。寒衣针线密，家信墨痕新。
见面怜清瘦，呼儿问苦辛。低徊愧人子，不敢叹风尘。

——〔清〕蒋士铨《岁暮到家》

父母对子女的爱是没有穷尽的，对我能赶在年前回来非常高兴。母亲正在给我缝棉衣，针脚密密麻麻；因我久久不回，父母刚刚给我写了一封家信，墨痕未干，尚未寄出。此时见我回来，父母开口便说我瘦了，语气充满怜爱，问我在外边过得怎么样，苦不苦。面对父母浓浓的爱，我非常惭愧，不敢对他们说我在外漂泊的境况，怕他们担心。

案 例

皇甫谧不令叔母忧

皇甫谧（215—282），字士安，自号玄晏先生，安定郡朝那县（今甘肃省灵台县，一说甘肃省平凉市或宁夏回族自治区固原市）人，魏晋时期著名学者、医学家、史学家。

皇甫谧出生后，生母去世，家道衰落。他被过继给叔父，十五岁时随叔父迁居新安（今河南省新安县），在战乱中度过了童年和少年。皇甫谧自幼贪玩，不思上进，到二十岁仍游荡无度，人以为痴。叔父、叔母虽然很疼爱他，但对他贪玩弃学的行为感到非常气愤和忧虑，恨铁不成钢。

有一天，叔母将贪玩的皇甫谧赶出家门，想以此来教训他。可他却从外边弄来一些香瓜、甜果献给叔母，以为如此孝顺叔母，便可平息叔母的怒气。谁知叔母更加气愤，接过瓜果，狠狠地摔在地上，流着泪说："你二十岁了，还是'目不存教，心不入道'！你若真心孝顺，就得'修身笃学，自汝得之，与我何有！'"

这件事使皇甫谧很受震动。他眼噙泪花，发誓悔过自新，矢志苦学。从那以后，他刻苦攻读，虚心求教，一天也不懈怠。他以百折不挠的精神博览群书，收集大量资料，把古代著名的三部医学著作《素问》《针经》《明堂孔穴针灸治要》纂集起来，结合自己的经验，写出了一部巨著——《黄帝三部针灸甲乙经》，简称《针灸甲乙经》。这部书奠定了针灸学科的理论基础，对针灸学乃至我国古代整个医学事业的发展做出了不可磨灭的贡献。

第五节　孝子之至

孟子曰："孝子之至①，莫大乎尊亲②；尊亲之至，莫大乎以天下养。"

——《孟子·万章上》

译　文

孟子说："孝子最大的孝行，没有超过尊敬父母的；尊敬父母的极致，没有超过用天下来供养父母的。"

解　读

孟子认为，孝行之中没有什么是比尊敬父母更重要的了。孔子也曾说："不敬，何以别乎？"可见，古人对待父母以"尊敬"为重。如果子女能够发自内心地尊敬父母，自然就能做到为父母养老、侍病、送终等。

---

① 至：极致。
② 尊亲：尊敬父母。

大孝尊亲

孝有三：大孝尊亲，其次弗辱，其下能养。

——《礼记·祭义》

孝分三个等级：最大的孝是发自内心地尊敬父母，其次是不辱没父母的名声，最低等的孝是仅能做到赡养父母。

为人子者

为人子者，居不主奥，坐不中席，行不中道，立不中门。食飨不为概，祭祀不为尸。听于无声，视于无形。不登高，不临深，不苟訾，不苟笑。孝子不服暗，不登危，惧辱亲也。父母存，不许友以死，不有私财。

——《礼记·曲礼上》

做儿子的，居家不要占据室内西南角的位置（最尊贵的位置），坐时不要坐在席的正中，行走时不要行在路的中间，站立时不要站在门的中央。举行食礼、飨礼（招待宾客）不要擅自做主，祭祀时不要充当尸（古代代替死者受祭的活人）。即使未听到父母的声音，未见到父母的身影，也能揣知父母的心意。不登高处，不临深渊，不随便诋毁人，不随意嬉笑。孝子不潜伏暗处，不登临危险之地，惧怕因此而使双亲受辱。父母在世，不可对朋友以死相许，不私存钱财。

案 例

啮 指 心 痛

《二十四孝》记载："曾参，字子舆，事母至孝。参尝采薪山中，家有客至，母无措。望参不还，乃啮其指。参忽心痛，负薪以归，跪问其故。母曰：'有急客至，吾啮指以悟汝耳。'"

这段话的大意是：曾参，字子舆，侍奉母亲极其孝顺。曾参年少时家贫，常入山打柴。一天，家里来了客人，曾参打柴未归，母亲不知所措，就用牙咬自己的手指。此时，曾参忽然觉得心痛，知道母亲在呼唤自己，便背着柴迅速返回家中，跪问缘故。母亲说："有客人忽然到来，我咬手指盼你回来。"

有学者评论，曾子"事母至孝"，对母亲传达的信息能有很强的感知力，这种现象叫作"心灵感应"。后人以诗颂之："母指才方啮，儿心痛不禁。负薪归未晚，骨肉至情深。"

第六节　终身慕父母

万章问曰："舜往于田，号泣于旻①天，何为其号泣也?"

孟子曰："怨慕②也。"

万章曰："'父母爱之，喜而不忘；父母恶之，劳而不怨。'然则舜怨乎?"

曰："长息③问于公明高④曰：'舜往于田，则吾既得闻命矣；号泣于昊天，于父母，则吾不知也。'公明高曰：'是非尔所知也。'夫公明高以孝子之心，为不若是恝⑤：'我竭力耕田，共为子职而已矣。父母之不我爱，于我何哉?'帝⑥使其子九男二女，百官牛羊仓廪备，以事舜于畎亩之中。天下之士多就之者，帝将胥天下而迁之焉。为不顺于父母，如穷人无所归。天下之士悦之，人之所欲也，而不足以解忧。好色，人之所欲，妻帝之二女而不足以解忧。富，人之所欲，富有天下而不足以解忧。贵，人之所欲，贵为天子而不足以解忧。人悦之、好色、富、贵，无足以解忧者，惟顺于父母可以解忧。人少，则慕父母；知

①旻：音 mín，天，天空。

②怨慕：既怨自己不被父母喜欢，又思念他们。

③长息：公明高的弟子。

④公明高：曾子的弟子。

⑤恝：音 jiá，无动于衷，淡然的样子。

⑥帝：尧。

好色，则慕少艾①；有妻子，则慕妻子；仕则慕君，不得于君则热中②。大孝，终身慕父母。五十而慕③者，予于大舜见之矣。"

——《孟子·万章上》

译 文

万章问道："舜到田里去，对着苍天哭诉，他为什么要哭诉呢？"

孟子说："这既是自怨没有得到父母的爱，又是出于对他们的怀恋。"

万章说："曾子说过：'父母喜欢自己，就应该高兴而不忘记；父母不喜欢自己，也应该辛勤劳作而不怨恨。'那么，舜怨恨父母吗？"

孟子说："长息问公明高：'舜到田里去，我已经听您说过了；向苍天哭诉，如此对待父母，我还不明白。'公明高说：'这就不是你所能明白的了。'公明高认为，孝子之心不应该无忧无愁：我尽力耕田，尽到做儿子的职责就可以了。父母不喜欢我，对我来说有什么关系呢？尧派他的九个儿子、两个女儿和百官一起带着牛羊、粮仓到田间为舜服务。天下士人有许多都去归附他，尧把整个天下都交给了他。舜因为不被父母喜欢，就像穷人走投无路、无家可归一样。让天下士人喜欢，是人的欲望，但这不足以消除舜的忧愁。喜欢美貌的女子，是人的欲望，尧把两个女儿嫁给他，

①少艾：亦作"幼艾"，指美貌的少女。
②热中：内心焦躁。
③五十而慕：指舜摄政时五十岁，仍爱慕父母。

也不足以消除舜的忧愁。富有，是人的欲望，可富有天下，也不足以消除舜的忧愁。尊贵（做官）是人的欲望，可舜贵为天子也不足以消除他的忧愁。人们的爱戴、美貌的女子、富有和尊贵，都不能消除他的忧愁，只有得到父母的喜爱才能消除他的忧愁。人幼年时，依恋父母；懂得喜欢女子了，就思慕美貌的少女；有了妻子儿女，就迷恋妻子儿女；有了官职，就讨好君主，若得不到君主的欢心，内心就会焦躁不安。只有最孝顺的人才会终身思慕他的父母。到五十岁还思慕父母的，我从伟大的舜身上见到了。"

解　读

舜摄政时五十岁，仍爱慕父母，这是常人难以做到的。在舜的心中，对自己所取得的一切成就均不在意，唯独感怀生养自己的父母。孟子说，至孝之人，从年轻时孝顺父母，一直到老了都不会改变，以至于自己有了子孙，想起父母还是像幼年时的心情一样，这是一种至纯至真的情感流露。为人子女，只有以敬畏之心侍奉父母，才能守住自己的根本。

相关章句

父母在，不称老

子云："父母在，不称老，言孝不言慈。闺门之内，戏而不叹。君子以此坊民，民犹薄于孝而厚于慈。"

——《礼记·坊记》

孔子说："父母在世，不可以说自己已老（以免使父母觉得他们已经很老了），要讲自己对父母是否孝顺，而不讲父母对自己是否慈爱。在家庭内，可以说说笑笑，而不要唉声叹气。君子这样来教人们防范，人们还是忽视孝敬父母而重视慈爱子女。"

孺 子 慕 亲

有子与子游立，见孺子慕者。有子谓子游曰："予壹不知夫丧之踊也，予欲去之久矣。情在于斯，其是也夫？"

——《礼记·檀弓下》

有子和子游站在一起，看见一个儿童号哭着找父母。有子对子游说："我一向不理解为什么丧礼中有踊（边哭边顿足）的规定，我早就想取消它了。孝子的哀情就表现在儿童的号哭中，这不正是人的真情所在吗？"

案 例

朱元璋《思亲歌》

朱元璋是一位出身于农民的皇帝，他对穷苦百姓抚养子女长大成人的艰难有着深刻的体会。他虽然没读过多少书，却对《孝经》耳熟能详，特别推崇《孝经》"立身行道，扬名于后世，以显父母"的精神。

有一次，他看到后院一棵树上"乌鸦育雏，雏鸟哺亲"的情景，十分感动，于是写下了情真意切的《思亲歌》。

苑中高树枝叶云，上有慈乌乳雏勤。

雏翎少干（乾）呼教飞，腾翔哑哑朝与昏。

有时力及随飞去，有时不及枝内存。

呼来呼去羽翎硬，万里长风两翼振。

父母双飞紧相随，雏知返哺天性真。

歔欷！慈乌恸恻仁，人而不如鸟乎？将何伸，将何伸！

吾思昔日微庶民，苦哉憔悴堂上亲。

有似不如鸟之至孝精，歔欷，歔欷！梦寐心不泯。

乌鸦育雏，雏鸟哺亲，人难道连鸟兽都不如吗？朱元璋当了皇帝，仍念念不忘养育自己的父母，并深深自责未能在父母跟前尽孝。他想起自己早已去世的父母，想到父母操劳了一辈子却未享过一天清福，不禁哀伤不已。

陶 侃 酒 限

陶侃，字士行（或作士衡），东晋名将，官至大司马。他精勤吏职，雄毅善断，珍时惜物，清廉爱民，在唐代李瀚的《蒙求》中有"陈遗饭感，陶侃酒限"的句子。

《晋书·陶侃传》记载："侃每饮酒都有定限，常欢有余而限已竭，浩等劝更少进，侃凄怀良久曰：'年少曾有酒失，亡亲见约，故不敢逾。'"

这段话的大意是：陶侃每次饮酒都有限量，常常限量已到而酒兴未尽。殷浩等便劝他再少喝一点儿。陶侃黯然伤神，思量好久才说："我年轻时曾经因为喝酒过量而言行失当，母亲生前要求我限量饮酒，所以我不敢违背先母的遗训。"

本章思考题

1. 孔子认为，对待父母，孝敬重于赡养。你是怎么看待这一观点的？

2. 为什么孔子会说行孝"色难"？

3. 子曰："父母之年，不可不知也，一则以喜，一则以惧。"你知道父母的生日吗？学习了这句话以后，你在生活中应该怎么做呢？

4. 你是怎样理解"父母唯其疾之忧"这句话的？

5. 孟子所说的"孝子之至，莫大乎尊亲"是什么意思？他为什么这样说？

6. 孟子曰："大孝，终身慕父母。"怎样才能做到这一点？

第四章

礼仪之孝

孝，要以『敬』存心，表现在行为上就是『礼』。中国是礼仪之邦，规矩很多，自古以来就十分讲究『行孝以礼』，『礼』贯穿于人的一生。孔子主张，对待父母要做到『无违』。

第一节　无违于礼

孟懿子①问孝。子曰："无违②。"

樊迟御③，子告之曰："孟孙问孝于我，我对曰：'无违。'"樊迟曰："何谓也?"子曰："生，事之以礼；死，葬之以礼，祭之以礼。"

——《论语·为政》

译　文

孟懿子问什么是孝。孔子说："不要违背（礼法）。"

樊迟为孔子驾车，孔子告诉他说："孟懿子问我什么是孝，我回答说：'不要违背（礼法）。'"樊迟问："这是什么意思?"孔子说："父母在世时，要依礼侍奉他们；去世以后，要依礼安葬他们，依礼祭祀他们。"

解　读

孔子借孟懿子问孝说明行孝要"无违"（不违背礼法）的道理。宋代邢昺在《论语疏》中解释："生，事之以礼"，指冬天为

---

①孟懿子：春秋时期鲁国大夫仲孙氏，名何忌，谥号懿。《左传·昭公七年》记载，孟僖子仲孙貜（jué）去世之前叮嘱儿子何忌向孔子学礼，孔子称孟僖子为君子。

②无违：此处指不要违背礼法。

③御：驾车。

父母暖被褥，夏天为父母扇凉床席，早晚向父母请安；"死，葬之以礼"，指父母去世，要为他们准备棺木寿衣，选择良好的墓地安葬；"祭之以礼"，指在春秋两季陈设祭品，祭祀父母的亡灵，以表达追思孺慕的心情。这其中有些礼法随着时代的变化已有所改变，但对已去世父母的追思与悼念却是不可忽略的。

相关章句

为人子之礼

凡为人子之礼，冬温而夏凊，昏定而晨省，在丑夷不争。

——《礼记·曲礼上》

凡做儿女之礼，要使父母冬天感到温暖而夏天感到清凉，傍晚要为父母铺好枕席而早晨要向父母请安，在同辈中不争斗。

成语"晨昏定省"出自于此，指侍奉父母的日常礼节：晚间服侍父母就寝，早上向父母请安。

子 事 父 母

子事父母，鸡初鸣，咸盥漱，栉，縰，笄，总（古同"总"），拂髦，冠，緌缨，端，韠，绅，搢笏。……以适父母姑舅之所。及所，下气怡声，问衣燠寒；疾痛苛痒，而敬抑搔之。出入，则或先或后，而敬扶持之。

——《礼记·内则》

子女侍奉父母，鸡叫头遍，就应该起床洗漱，然后穿戴整齐，到父母、公婆的房门前，和声细气地问寒问暖，问他们身上是否有痛痒之处，然后恭敬地为父母、公婆按摩痛处或搔挠痒处。父母、公婆进出走动时，或前或后，恭敬地扶持着。

栉（zhì）：梳发。

縰（xǐ）：用缯束发髻。

笄（jī）：绾头发的簪子。

緫：束头发。

緌（ruí）：古时帽带打结后垂下的部分。

韠（bì）：蔽膝，古代一种遮蔽在身前的皮制服饰。

绅：古代束腰的带子，也指用大带子束腰。

搢笏（jìn hù）：插笏。笏，古代大臣上朝时拿着的手板。

燠（yù）：暖。

孝子之行

　　见父之执，不谓之进不敢进，不谓之退不敢退，不问不敢对，此孝子之行也。

——《礼记·曲礼上》

　　见到与父亲志同道合的友人，他不叫上前就不敢上进，不说退下就不敢退下，不发问就不敢随便说话，这就是孝子应有的德行。

案 例

文王晨昏定省

　　文王为世子，朝于王季日三。鸡初鸣而衣服，至于寝门外，问内竖之御者曰："今日安否？何如？"内竖曰："安。"文王乃喜。

及日中又至，亦如之。及莫（同"暮"）又至，亦如之。其有不安节，则内竖以告文王，文王色忧，行不能正履。王季复膳，然后亦复初。食上，必在视寒暖之节。食下，问所膳，命膳宰曰："末有原。"应曰："诺。"然后退。

——《礼记·文王世子》

周文王做太子的时候，每天三次去父亲季历那里请安。鸡刚打鸣，周文王就穿衣起床，到季历的寝室门外，问值日侍臣说："父亲今天安好？身体怎样？"侍臣说："身体安好。"周文王就会很高兴。到中午，周文王又来到父亲寝室外，像清早一样请安。到晚上，也是这样请安。如果父亲身体不适，侍臣告诉周文王，周文王就露出忧虑的神色，走路连脚步都迈不稳。当季历的饮食恢复正常，周文王才恢复原来的神态。供给季历的食物端上来的时候，周文王必在场察看饭菜。饭食撤下来的时候，周文王一定会问父亲吃得怎么样，并且命令膳宰（古时主管饮食的官员）说："不要把剩下的饭菜再给父亲端上。"膳宰答应"是"，然后周文王才退下。

第二节 不与祭，如不祭

祭如在，祭神如神在。子曰："吾不与①祭，如不祭。"

——《论语·八佾》

译 文

祭祀祖先的时候，好像祖先就在那里；祭神的时候，好像神就在那里。孔子说："我如果不能亲自参加祭祀，就好像没祭祀一样。"

解 读

自古以来，中国人不但重视祭礼，而且对礼节、祭品和仪式等有诸多规定。孔子在这里强调的是参加祭祀的人在祭祀时的情感，而不是说真的存在鬼神。因此，祭祀的意义是在道德层面而非宗教层面。

相关章句

孝 子 之 祭

孝子将祭，虑事不可以不豫，比时具物不可以不备，虚中以

---

① 与：音 yù，参与。

治之。宫室既修，墙屋既设，百物既备，夫妇齐戒，沐浴盛服，奉
承而进之，洞洞乎，属属乎，如弗胜，如将失之，其孝敬之心至
也与。

——《礼记·祭义》

　　孝子将举行祭祀，对于祭事不可不预先考虑周到，按时准备
祭祀用品且不可不齐全，要排除心中一切杂念，专心准备祭祀。
庙室要修缮好，墙壁和房屋都布置好，各种祭祀用品都准备好，
夫妇斋戒，洗头洗澡，穿上祭祀的盛装，捧着祭品向前进献，是那
样地恭敬啊，是那样地虔诚啊，就像捧着捧不动的重物，而又生
怕失手的样子，这就是孝敬之心达到极致的表现吧。

礼不足而敬有余

　　子路曰："吾闻诸夫子，丧礼，与其哀不足而礼有余也，不若
礼不足而哀有余也；祭礼，与其敬不足而礼有余也，不若礼不足
而敬有余也。"

——《礼记·檀弓上》

　　子路说："我听老师说，举行丧礼，与其哀戚不够而礼仪过
多，不如礼仪欠缺一点儿而哀戚多一些；举行祭礼，与其恭敬不
够而礼仪过多，不如礼仪欠缺一点儿而恭敬多一些。"

案　例

文 王 之 祭

　　《礼记·祭义》记载："文王之祭也，事死者如事生，思死者

如不欲生。忌日必哀，称讳如见亲。祀之忠也，如见亲之所爱，如欲色然，其文王与！《诗》云：'明发不寐，有怀二人。'文王之诗也。祭之明日，明发不寐，飨而致之，又从而思之。祭之日，乐与哀半：飨之必乐，已至必哀。"

　　这段话的大意是：文王祭祀时，侍奉死去的亲人如同亲人活着时一样，思念死去的亲人如同不想活下去一样。每逢亲人的忌日必定悲哀，提起亲人的名字就如同见到了亲人。祭祀时的虔诚，就像见到了亲人生平所喜爱的东西，就像看到了亲人想得到这些东西的神色，大概只有文王能做到这样吧！《诗》说："通宵睡不着，思念父母亲。"说的就是文王。文王在祭祀父母的第二天，通宵睡不着，祭祀时迎父母来享用，祭祀后又思念父母。祭祀那天，怀着一种乐与哀参半的心情：想象着父母来享用祭祀，感到欢喜；想到父母已经去世，感到哀伤。

第三节　三年之丧

　　宰我问："三年之丧，期已久矣？君子三年不为礼，礼必坏；三年不为乐，乐必崩。旧谷既没，新谷既升，钻燧改火①，期②可已矣。"

　　子曰："食夫稻③，衣夫锦，于女安乎？"

　　曰："安。"

　　"女安，则为之！夫君子之居丧，食旨不甘，闻乐不乐，居处不安④，故不为也。今女安，则为之！"

　　宰我出。子曰："予之不仁也！子生三年，然后免于父母之怀。夫三年之丧，天下之通丧也，予也有三年之爱于其父母乎！"

——《论语·阳货》

译　文

　　宰我问道："父母去世，守孝三年，为期太久了吧？君子三年

---

　　①钻燧改火：古代钻木取火，被钻的木四季不同，所谓"春取榆柳之火，夏取枣杏之火，季夏取桑柘之火，秋取柞楢之火，冬取槐檀之火"（马融引《周书·月令》文），一年一轮回。

　　②期：音jī，一年。

　　③稻：古代北方以稷为主要粮食，稻的耕种面积小，稻米是珍贵的食品，居丧时不能吃。

　　④居处不安：古代孝子要"居倚庐，寝苫枕块"，就是住临时用草料、木料搭成的凶庐，睡在用草编成的薰（gǎo）垫上，用土块做枕头。这里的"居处"是指平日的居住生活。

不参加礼仪活动，一定会对礼仪感到生疏；三年不奏音乐，一定会忘记音乐。陈谷吃完，新谷登场；一季一换的打火木已轮了一圈，一年也就可以了。"

孔子说："（父母去世不到三年）你便吃好饭，穿好衣服，你心安吗？"

宰我说："心安。"

孔子接着说："你心安，就去做吧！君子守孝期间，吃好饭没味道，听音乐不快乐，住在家里不舒服，所以不像你这样。如今你觉得心安，就那样去做好了！"

宰我出去了。孔子说："宰我真是没有良心啊！子女生下三年后，才脱离父母的怀抱。为父母守孝三年，这是天下通行的丧礼，宰我难道没有得到父母三年怀抱之爱吗？"

解　读

古时候，父母去世后，子女要守孝三年，无论天子还是普通百姓，一律如此，故称"三年之丧"。之所以定为三年，源于"子生三年，然后免于父母之怀"这句话，以示报答父母的养育之恩。从这个意义上讲，"三年之丧"表达的是一种知恩报恩的传统理念。

成　语

礼坏乐崩：礼制崩溃，乐教毁坏。形容社会秩序混乱，道德风尚败坏。

相关章句

礼 尚 往 来

太上贵德，其次务施报。礼尚往来：往而不来，非礼也；来而不往，亦非礼也。人有礼则安，无礼则危，故曰："礼者，不可不学也。"

———《礼记·曲礼上》

上古时代以德为贵，后世讲究施惠和报答。礼节崇尚有来有往：我施惠于人而得不到回报，不合乎礼；我受人之恩却不报答，也不合乎礼。百姓有礼则社会安定，无礼则社会混乱，所以说："礼，是不可以不学的。"

成语"礼尚往来""来而不往非礼也"皆出于此，指礼节上应该有来有往，有来而无往是一种非礼的表现。

明丧祭之礼

不孝者生于不仁，不仁者生于丧祭之礼不明。丧祭之礼，所以教仁爱也。能致仁爱，则服丧思慕，祭祀不解（同"懈"）人子馈养之道。丧祭之礼明，则民孝矣。

———《孔子家语·五刑解》

不孝的行为产生于不仁，不仁又产生于缺乏丧祭之礼。明确规定丧祭之礼，是为了教人懂得仁爱。能教人懂得仁爱，服丧时就会思慕父母，举行祭礼表示人子还在不懈地赡养父母。丧祭之礼明确了，百姓就会恪守孝道了。

案 例

子 贡 庐 墓

　　端木赐，字子贡，孔子的弟子。《论语》记载，子贡多次向孔子请教，问为仁、为政、友、士等，被孔子列为"言语科"的翘楚。司马迁在《史记·货殖列传》中将其列为成功的商人。孔子去世，众弟子悲泣，为其守墓三年。三年后，唯独子贡不肯离去，又守了三年，以表达他对老师深深的怀念。后人感念此事，便在孔子墓西侧建屋三间，立"子贡庐墓处"石碑一座。从某种意义上讲，"三年之丧"不仅是一种外在的礼节，更是表达了一种知恩报恩的精神。

第四节　高宗谅阴

> 子张曰："《书》云：'高宗①谅阴②，三年不言。'何谓也？"子曰："何必高宗，古之人皆然。君薨③，百官总己④以听于冢宰⑤三年。"
>
> ——《论语·宪问》

译　文

子张问道："《尚书》说：'殷高宗守孝，住在凶庐，三年不与人交谈。'这是什么意思？"孔子说："不仅仅高宗，古人都是这样。国君去世后，继位君王三年不问政治，官员们都听命于冢宰，这种情况要持续三年。"

解　读

《尚书》记载的"高宗谅阴，三年不言"，是"三年之丧"的一种表现。孔子之所以说"何必高宗，古之人皆然"，是因为"三

---

①高宗：名武丁，商朝第二十三代君主。他任用傅说为相，励精图治，造就了"武丁中兴"的历史盛世。

②谅阴：音 liáng'ān，即"谅暗"，"阴"同"暗"，是指帝王或高官居丧时所住的房子，又叫"凶庐"。

③薨：音 hōng，古代称君主或有爵位的高官死去。

④总己：自我约束。

⑤冢宰：周官名，为六卿之首，亦称太宰。

年之丧"这种礼制历代沿袭，从氏族首领到一般人都必须遵守。在中国，直到清末仍有"丁忧三年不做官"的规定。其中，"丁忧"指遭遇父母的丧事。

相关章句

高宗慈良于丧

《书》曰："高宗谅闇（《论语》为'阴'，同'暗'），三年不言。"善之也。王者莫不行此礼，何以独善之也？曰：高宗者，武丁。武丁者，殷之贤王也，继世即位，而慈良于丧。当此之时，殷衰而复兴，礼废而复起，故善之。善之，故载之《书》中而高之，故谓之"高宗"。三年之丧，君不言，《书》云"高宗谅闇，三年不言"，此之谓也。然而曰"言不文"者，谓臣下也。

——《礼记·丧服四制》

《尚书》说："高宗居住在凶庐中，三年不发布政令。"这是赞扬他。做王的没有不行这种礼的，为什么偏偏赞扬高宗呢？回答说：高宗就是武丁，武丁是殷代的贤王，他继承父亲的王位，善守父丧。在那个时候，殷朝衰落而又重新振兴，礼制废弛而又重新兴起，所以赞扬他。赞扬他，所以把他记载到《尚书》中而尊崇他，因此称他为"高宗"。守丧三年，国君不发布政令，《尚书》中说"高宗居住在凶庐中，三年不发布政令"，就是这个意思。然而说"说话不加文饰"，是说臣下在守丧期间应该做到的。

周公赞高宗亮阴

周公曰："呜呼！我闻曰，昔在殷王中宗，严恭寅畏，天命自度，治民祗惧，不敢荒宁。肆中宗之享国七十有五年。其在高宗，时旧劳于外，爰暨小人；作其即位，乃或亮阴，三年不言，其惟不言，言乃雍。不敢荒宁，嘉靖殷邦。至于小大，无时或怨。肆高宗之享国五十有九年。其在祖甲，不义惟王，旧为小人。作其即位，爰知小人之依，能保惠于庶民，不敢侮鳏寡。肆祖甲之享国三十有三年。自时厥后立王，生则逸。生则逸，不知稼穑之艰难，不闻小人之劳，惟耽乐之从。自时厥后亦罔或克寿，或十年，或七八年，或五六年，或四三年。"

——《尚书·无逸》

周公说："咳！我听说，过去殷王中宗，庄重谨慎，心存敬畏，以恪守天命来要求自己，对待百姓谨慎小心，不敢怠惰。所以中宗在位七十五年。到了高宗，他长期在外劳作，吃了不少苦，懂得爱护百姓；等到他即位时，为父亲居丧守孝，三年不问政事，偶尔谈及政事，便得到广泛赞同；他不敢荒废国事、贪图安逸，因此能使国家太平、安定，从百姓到朝臣，没有一句怨言。所以高宗在位五十九年。到了祖甲，他认为代兄为王是不道义的，便流落民间很久。他一即位，就知道老百姓的疾苦，所以能施惠于百姓，连无依无靠的人也不敢轻慢。因此祖甲在位三十三年。从这以后的君王，生下来就贪图安逸，不知道耕作的艰难，不知道百姓的辛劳，只是一味地寻欢作乐。所以，此后的殷王没有能在位长久的，有的十年，有的七八年，有的五六年，有的三四年。"

案　例

刘贺失礼被废

汉昭帝没有子嗣，他去世后，昌邑王刘贺继承了皇位。然而，刘贺在守孝期间胡作非为，不仅没有一点儿作为人子的悲伤，还违背礼制，大吃大喝，乐舞不断，甚至淫乱汉昭帝留下的宫女嫔妃。霍光等大臣见状不妙，便联名上奏皇太后请求废掉刘贺。最后，刘贺被贬为海昏侯。刘贺自登基至失礼被废不足一个月，史称"汉废帝"。

第五节　三代共之

孟子曰："亲丧，固所自尽①也。……三年之丧，齐疏之服②，饘③粥之食，自天子达于庶人，三代共之。"

——《孟子·滕文公上》

译　文

孟子说："父母的丧事，本应该尽心竭力。……实行三年的丧礼，穿粗布衣服，吃粥一类的食物，从天子到平民，夏、商、周三代都是这样做的。"

解　读

在有些人看来，古人所讲的"礼"或许是繁文缛节，而在古代，这些"礼"却是仁义的准绳、文明的规范。古人将善的种子、高尚的德行、大爱的胸怀蕴于礼乐之中，从而使华夏成为"礼仪之邦"。一方面，礼仪能够调节诸多社会关系，帮助人们把握各项事务的尺度；另一方面，礼仪行为蕴含着真挚的仁孝精神，能够激发人们的孝敬之心，增强人们对先祖的思念之情。

---

① 自尽：竭尽自己的心力。
② 齐疏之服：粗布制作的丧服。齐（zī）疏，旧时丧服名。
③ 饘：音 zhān，同"饘"，稠粥。孔颖达《疏》云："厚曰饘，稀曰粥。"古人在丧事期间，只能吃稠粥饭。

相关章句

亲 丧 之 礼

穆公之母卒,使人问于曾子曰:"如之何?"对曰:"申也闻诸申之父曰:'哭泣之哀,齐斩之情,饘粥之食,自天子达。'"

——《礼记·檀弓上》

鲁穆公的母亲去世了,鲁穆公派人去问曾子说:"丧事该怎么办?"曾子回答说:"我听我的父亲说:'用哭泣来抒发悲哀,穿丧服来报答父母的恩情,服丧期间只吃粥一类的食物,从天子到百姓都是这样的。'"

三代人之丧礼

孔子曰:"夏后氏之丧三年,既殡而致事,殷人既葬而致事,周人既卒哭而致事。《记》曰:'君子不夺人之亲,亦不夺故也。'"

——《孔子家语·曲礼子夏问》

孔子说:"夏后氏的时候,父母去世之后要守孝三年,守孝者在出殡之后要向国君提出辞职,殷人是在安葬完毕就辞职,周人则是在卒哭之后才辞职。古《记》上说:'君子不能剥夺别人的亲情,也不能剥夺别人守丧的权利。'"

卒哭:百日祭后,止无时之哭,变为朝夕一哭。

致事:原作"致仕",指辞官告老。

《记》:先秦关于《礼》的传记。

案 例

王 袅 泣 墓

《二十四孝》记载："魏王袅（póu），事亲至孝。母存日，性怕雷，既卒，殡葬于山林。每遇风雨，即奔至墓所，拜跪泣告曰：'袅在此，母亲勿惧。'"

这则故事名叫"王袅泣墓"，又叫"闻雷泣墓"，讲述的是魏晋时期孝子王袅的孝行。

王袅的母亲去世后被埋葬在山林中。王袅知道母亲在世时胆小怕雷，所以每当雷雨天气，他便跑到母亲坟前，跪拜安慰说："袅儿在这里，请母亲不要害怕。"王袅教书时，每当读到《诗经·蓼莪》篇，就会想起母亲，不禁泪流满面。后人有诗云："慈母怕闻雷，冰魂宿夜台。阿香时一震，到墓绕千回。"王袅的孝行，真可谓"事亡如事存"。

生孝与死孝

《世说新语·德行》记载："王戎、和峤同时遭大丧，俱以孝称。王鸡骨支床，和哭泣备礼。武帝谓刘仲雄曰：'卿数省王、和不（否）？闻和哀苦过礼，使人忧之。'仲雄曰：'和峤虽备礼，神气不损；王戎虽不备礼，而哀毁骨立。臣以和峤生孝，王戎死孝。陛下不应忧峤，而应忧戎。'"

这段话的大意是：王戎、和峤两人的至亲同时去世，他们都因至孝而受到称赞。王戎骨瘦如柴地坐在床上，并没有完全遵循丧礼；和峤哀痛哭泣，礼仪周到。晋武帝对刘仲雄说："你经常去看望王戎、和峤吗？听说和峤过于悲痛，超出了礼制，真令人担忧啊！"刘仲雄回答："和峤虽然按照礼制来表达悲哀，但并没有损伤元气；王戎虽然没按礼制表达悲哀，但是哀伤心过度，伤了身体，骨瘦如柴。我认为和峤是尽孝道而不影响生命，而王戎是以死去尽孝道。陛下不应担忧和峤，而应担忧王戎。"

　　成语"鸡骨支床""哀毁骨立"皆出于此。前者形容因丧亲而悲痛过度，以致瘦弱不堪，卧床不起；后者形容因丧亲而过度悲伤，瘦得只剩一把骨头。

第六节　惟送死当大事

> 孟子曰："养生者①不足以当大事，惟送死②可以当大事。"
>
> ——《孟子·离娄下》

译　文

孟子说："赡养健在的父母算不上大事，只有为他们送终才算得上大事。"

解　读

"养生"和"送死"，都是子女对父母应尽的孝道。但在孟子看来，"养生"不足以当大事，只有按礼节为父母操办丧事才算大事。为什么？朱熹是这样解释的："事生固当爱敬，然也人道之常耳；至于送死，则人道之大变。孝子之事亲，舍是无以用其力矣。"孟子认为，在所有的礼当中，丧礼最重要，丧礼上所有哀戚之情都是亲情的一种延续。

---

①养生者：赡养健在的父母。
②送死：为父母送终。

成 语

养生送死：子女对父母的赡养和安葬。

相关章句

不以天下俭其亲

孟子自齐葬于鲁，反于齐，止于嬴。充虞请曰："前日不知虞之不肖，使虞敦匠事。严，虞不敢请。今愿窃有请也：木若以美然。"曰："古者棺椁无度，中古棺七寸，椁称之。自天子达于庶人，非直为观美也，然后尽于人心。不得，不可以为悦；无财，不可以为悦。得之为有财，古之人皆用之，吾何为独不然？且比化者无使土亲肤，于人心独无恔乎？吾闻之也：君子不以天下俭其亲。"

——《孟子·公孙丑下》

孟子从齐国回到鲁国安葬母亲，又返回齐国，在嬴地停留下来。充虞请问道："前些日子蒙您不嫌弃我无能，让我监督棺椁的制造工作。当时时间太紧，我不敢请教。今天想私下向您请教：棺木似乎过于华美。"孟子说："上古时人们对棺椁的尺寸没有什么规定，中古以来规定棺厚七寸，椁的厚度以与它相称为准。从天子一直到老百姓，讲究棺椁不是为了美观，而是这样才算尽了孝子之心。因法制所限，不能用上等木料，当然不能令人称心；埋葬限于财力，也还是不能令人称心。礼法允许又有财力，古人都这样做了，我为什么不能这样做呢？而且，为了避免泥土贴近死者的肌肤（而用厚棺椁），这对孝子之心难道不是一种慰藉吗？我听说过：君子在任何情况下，都不应当为了节约而在埋葬父母时省钱。"

治生死之礼

礼者，谨于治生死者也。生，人之始也；死，人之终也。终始俱善，人道毕矣。故君子敬始而慎终。终始如一，是君子之道、礼义之文也。夫厚其生而薄其死，是敬其有知而慢其无知也，是奸人之道而倍叛之心也。君子以倍叛之心接臧谷，犹且羞之，而况以事其所隆亲乎！故死之为道也，一而不可得再复也，臣之所以致重其君，子之所以致重其亲，于是尽矣。故事生不忠厚、不敬文，谓之野；送死不忠厚、不敬文，谓之瘠。君子贱野而羞瘠。

——《荀子·礼论》

礼，对于养生送死都很谨慎。生，是人生的开始；死，是人生的结束。开始和结束都处理得很完美，那么作为人就没有缺憾了。所以君子严肃地对待人生的开始，慎重地对待人生的结束。对待结束和对待开始一样用心，这是君子之道，也是礼义的表现形式。重视生而轻视死，这是重视生者有知觉而轻视死者无知觉，是奸邪之人的处世原则，背叛了自己对活着的人的态度。君子违背自己的一贯态度去对待奴仆和小孩子尚且感到羞耻，更何况用这种态度对待自己的君主和父母呢？所以，死这件事，只有一次而不可能有第二次。臣下对君主的敬重，子女对父母的敬重，在这里得到最充分的体现。所以，侍奉生者，不尽心、不厚待、不恭敬、没有礼节，这叫作粗野；安葬死者，不尽心、不厚待、不恭敬、没有礼节，这叫作轻薄。君子鄙视粗野，以轻薄为耻。

案 例

董永卖身葬父

《二十四孝》记载："汉，董永家贫。父死，卖身贷钱而葬。及去偿工，途遇一妇，求为永妻。俱至主家，令织缣三百匹，乃回。一月完成，归至槐阴会所，遂辞永而去。诗曰：'葬父贷孔兄，仙姬陌上逢。织缣偿债主，孝感动苍穹。'"

这段话的大意是：汉朝时的董永，家里非常贫困。他的父亲去世后，董永无钱办丧事，只好以身作价向债主贷款，埋葬父亲。丧事办完后，董永便去债主家做工还钱。他在半路上遇到一位美貌女子，要董永娶她为妻。董永无奈，只好带她去债主家帮忙。那位女子心灵手巧，织布如飞。她昼夜不停地干活儿，仅用一个月的时间，就织了三百匹的细绢，帮助董永还清了债务。在他们回家的路上，走到一槐树下时，女子便辞别了董永。有诗句说："葬父贷孔兄，仙姬陌上逢。织缣偿债主，孝感动苍穹。"

相传，该女子是天上的仙女，因为董永心地善良，天帝被他的孝心感动了，就派仙女下凡帮助他。

本章思考题

1. 孔子为什么强调"无违"？敬与礼是一种什么关系？

2. 古代十分注重祭礼，其意义何在？

3. 你是怎样理解"三年之丧"的？这在今天是否仍有现实意义？

4. 孟子是怎样描述"养生送死"的？为什么他会说"惟送死可以当大事"？

第五章

道义之孝

孝，不仅是指孝养、孝敬、孝礼，还讲求孝义，即行孝重义，尽道义之孝。在孔孟看来，孝，应当是正义之孝，并非愚孝。为人子者，要事亲养志，以义为上。如果父母有过错，子女要劝谏；如果子女不及时谏止，会陷父母于不义。当然，子女劝谏也要注意方式方法。

第一节　事父母几谏

> 子曰："事父母几谏①，见志不从，又敬不违②，劳而不怨。"
>
> ——《论语·里仁》

译　文

孔子说："侍奉父母，如果父母有过错，要以委婉的言语劝谏。即使自己的心意没被父母接受，还是要恭恭敬敬，不可违抗父母；即使劳苦，也不可有怨言怨色。"

解　读

人非圣贤，孰能无过？父母也是人，难免有过失。父母有过失时，子女应学会沟通，委婉劝谏。只要子女态度诚恳、恭敬，父母大都能够接受。即使父母碍于面子，一时放不下架子，不听劝谏，子女也不可操之过急、犯颜直谏，更不可恶言相向，否则不但无济于事，反而会伤害感情，造成难以弥补的遗憾。

---

①几谏：以委婉的言语、态度劝谏。几，音 jī，轻微，引申为委婉。
②见志不从，又敬不违：见自己的意见不被接纳，仍须态度恭敬，不可违逆。

成 语

劳而不怨：即使很辛苦、很劳累，也没有怨言，形容孝子精心侍奉父母。

相关章句

父有争子，不陷不义

曾子曰："若夫慈爱、恭敬、安亲、扬名，则闻命矣。敢问子从父之令，可谓孝乎?"子曰："是何言与！是何言与！昔者，天子有争臣七人，虽无道，不失其天下；诸侯有争臣五人，虽无道，不失其国；大夫有争臣三人，虽无道，不失其家；士有争友，则身不离于令名；父有争子，则身不陷于不义。故当不义，则子不可以不争于父，臣不可以不争于君。故当不义，则争之。从父之令，又焉得为孝乎!"

——《孝经·谏诤章》

曾子说："诸如爱亲、敬亲、安亲、扬名后世等，已经听过了老师的教诲，现在我想请教的是，做儿子的能够听从父亲的命令，这可不可以称为孝呢?"孔子说："这是什么话呢！这是什么话呢！从前，天子身边有敢于直言劝谏的大臣七人，天子即使无道，也不至于失去天下；诸侯身边有敢于直言劝谏的大臣五人，诸侯即使无道，也不至于亡国；大夫身边有敢于直言劝谏的家臣三人，大夫即使无道，也不至于丢掉封邑；士身边有敢于直言劝谏的朋友，那么他就能保持美好的名声；父亲身边有敢于直言劝谏的儿子，那么他就不会陷入错误之中，做出不义的事情。所以，如果父亲有不义的行为，做儿子的不能不去劝谏；如果君王有不义的行为，做臣僚的不能不去劝谏。所以面对不义的行为，一定要劝谏。做儿子的能够听从父亲的命令，又怎么能算得上孝呢！"

柔声以谏

父母有过，下气怡色，柔声以谏。谏若不入，起敬起孝，说（同"悦"）则复谏。

—— 《礼记·内则》

父母有过错，子女要平心静气、和颜悦色，以柔和的语气进行劝谏。如果劝谏不起作用，就要更加恭敬、更加孝顺，等到父母高兴的时候再次劝谏。

成语"下气怡色"出自于此，形容气色和悦，态度恭敬。

微谏不倦

君子之孝也……微谏不倦……可入也，吾任其过。不可入也，吾辞其罪。《诗》云："有子七人，莫慰母心。"子之辞也。"夙兴夜寐，无忝尔所生"，言不自舍也。不耻其亲，君子之孝也。

—— 《大戴礼记·曾子立孝》

君子的孝行，表现在委婉劝谏父母而不厌倦。如果父母接受劝谏，自己就替父母承担过错。如果父母不接受劝谏，自己就要替父母推脱罪责。《诗经》中说："生了七个儿子，没有一个能让母亲感到安慰的。"这就是孩子推脱罪责的例子。"早起晚睡，不要愧对了生养你的父母"，这是说对双亲感情深厚，依依不舍。无论父母怎样，都不让父母有失体面，这就是君子的孝。

成语"夙兴夜寐"出自于此，形容早起晚睡，非常勤奋。

案例

<h1 style="text-align:center">曾参受杖</h1>

曾子耘瓜，误斩其根。曾晳怒，建大杖以击其背。曾子仆地而不知人久之。有顷，乃苏，欣然而起，进于曾晳曰："向也，参得罪于大人，大人用力教参，得无疾乎？"退而就房，援琴而歌，欲令曾晳而闻之，知其体康也。孔子闻之而怒，告门弟子曰："参来勿内（纳）。"

曾参自以为无罪，使人请于孔子。子曰："汝不闻乎，昔瞽瞍有子曰舜。舜之事瞽瞍，欲使之，未尝不在于侧；索而杀之，未尝可得。小棰则待过，大杖则逃走，故瞽瞍不犯不父之罪，而舜不失烝烝之孝。今参事父，委身以待暴怒，殪而不避。既身死而陷父于不义，其不孝孰大焉？汝非天子之民耶？杀天子之民，其罪奚若？"

曾参闻之，曰："参罪大矣。"遂造孔子而谢过。

——《孔子家语·六本》

曾参在瓜地里锄草，不小心把瓜苗的根斩断了。曾晳大怒，抢起一根大棍子打在曾参的背上。曾参倒在地上，不省人事。过了好长时间，曾参才醒过来，很高兴地爬起来，上前对曾晳说："刚才得罪了父亲大人，父亲大人用力教训我，没有伤着吧？"曾参退回房中，弹琴唱歌，想让曾晳听到，知道他身体安然无恙。孔子听到之后十分生气，告诉他的门人弟子说："曾参来了，不要让他进门。"

曾参自认为没有过错，便托人请教孔子。孔子说："你没有听说过吗？从前，瞽瞍有个儿子叫舜。舜侍奉瞽瞍，父亲要使唤他时，他没有不在身边的；父亲想要找到他杀掉时，却从未找到他。父亲用小棍子打他时，他就等着承受；用大棍子打他时，他就逃走了。因此，瞽瞍没有犯违背父道之罪，而舜也不失纯美善厚的孝道。如今曾参侍奉父亲，舍弃身体以承受暴打，死也不躲。这样既会使自己被打死，又会让父亲背上不义的罪名，哪有比这种不孝更大的呢？你不是天子的臣民吗？杀死了天子的臣民，这应该是什么样的罪行呢？"

曾参听了这番话，自责道："我曾参的罪过太大了。"于是前往孔子那里谢罪。

崔 钧 谏 父

《后汉书》记载："烈时因傅母入钱五百万，得为司徒。及拜日，天子临轩，百僚毕会。帝顾谓亲幸者曰：'悔不小靳，可至千万。'程夫人于傍应曰：'崔公冀州名士，岂肯买官？赖我得是，反不知姝邪？'烈于是声誉衰减。久之不自安，从容问其子钧曰：'吾居三公，于议者何如？'钧曰：'大人少有英称，历位卿守，论者不谓不当为三公；而今登其位，天下失望。'烈曰：'何为然也？'钧曰：'论者嫌其铜臭。'烈怒，举杖击之。钧时为虎贲中郎将，服武弁，戴鹖（hé）尾，狼狈而走。烈骂曰：'死卒，父棰（zhuā）而走，孝乎？'钧曰：'舜之事父，小杖则受，大杖则走，非不孝也。'烈惭而止。"

这段话的大意是：时任廷尉的崔烈通过汉灵帝刘宏的傅母程夫人，只花五百万钱就买来司徒一职。拜官之日，刘宏亲自参加百官聚会，并跟身边的宠臣说："我后悔没坚持一下，本来可以卖到一千万钱的。"程夫人回答道："崔公可是冀州名士啊！他起初哪肯买官，还不是亏我撮合，陛下反而不知道我的好心吗？"从此，崔烈的名望衰退。时间久了，崔烈心里感到不安。一天，他问儿子崔钧："我位居三公，现在外面的人是怎么议论我的？"崔钧回答："父亲大人年少时就有美好的名望，又历任太守，大家都议论您应该官至三公，而如今您已经当了司徒，天下人却对您很失望。"崔烈追问："这是为什么？"崔钧答道："议论的人都嫌弃您有铜臭。"崔烈大怒，举起手杖去打崔钧。崔钧时任虎贲中郎将，穿着武官服，狼狈而逃。崔烈在后面追骂道："死兵卒！父亲打就跑，这是孝子吗？！"崔钧回头说："大舜侍奉父亲，小杖则挨，大杖则跑，这不是不孝啊！"于是，崔烈惭愧而止。

第二节 启予足手

曾子①有疾,召门弟子曰:"启②予足!启予手!《诗》云:'战战兢兢,如临深渊,如履薄冰③。'而今而后④,吾知免夫⑤!小子⑥!"

——《论语·泰伯》

译 文

曾子病重,把弟子叫到床前说:"看看我的脚!看看我的手!"《诗经》上说:'小心谨慎啊!好比站在深渊之旁,好比走在薄冰之上。'从今以后,我知道自己是可以免于损伤了。弟子们啊!"

解 读

这段话记载的是曾子临终时的一个场面。他一生笃行孝道,临终时还让弟子们看看他的手和脚有没有损伤,并以此教诲弟子

---

①曾子:曾参,字子舆,春秋末期鲁国人,孔子的弟子。他事亲至孝,志节坚毅,能悟孔子一贯之旨,被后世尊为"宗圣"。

②启:此处指揭开被子看。

③战战兢兢,如临深渊,如履薄冰:经常保持恐惧、戒慎的心情,就像面临深渊恐坠落、足履薄冰恐陷溺,不敢稍有懈怠。

④而今而后:从今以后。

⑤免夫:免于毁伤。夫,啊,句末语气助词。

⑥小子:弟子,此处为老师对学生的称呼。

要小心谨慎为人，以免招惹祸患而遭受刑戮。古代刑法严酷，百姓一旦言行不慎，触犯刑法，不仅亏体辱身，还会使父母伤心，当然是不孝、不义之举。

成　语

战战兢兢：非常害怕而微微发抖的样子，形容小心谨慎。

如临深渊、如履薄冰：如同处于深渊边缘一般，就像走在薄冰上一样，皆比喻存有戒心，行事极为谨慎。

相关章句

身体发肤，受之父母

子曰："身体发肤，受之父母，不敢毁伤，孝之始也。"

——《孝经·开宗明义章》

孔子说："我们的身体发肤，都来自父母，不敢损伤，这就是孝的开始。"

不亏其体，不辱其身

乐正子春下堂而伤其足，数月不出，犹有忧色。门弟子曰："夫子之足瘳（chōu，病愈）矣，数月不出，犹有忧色，何也？"乐正子春曰："善如尔之问也！善如尔之问也！吾闻诸曾子，曾子闻诸夫子曰：'天之所生，地之所养，无人为大。父母全而生之，子全而归之，可谓孝矣。不亏其体，不辱其身，可谓全矣。'故君子顷步而弗敢忘孝也。今予忘孝之道，予是以有忧色也。"

——《礼记·祭义》

　　曾子的弟子乐正子春下堂时扭伤了脚，好几个月不出门，看上去还有忧伤的神色。他的弟子说："先生您的脚已经好了，几个月不出门，还有忧伤的神色，这是为什么呢？"乐正子春说："你问得好啊！你问得好啊！我听曾子说，曾子听孔子说：'天地所孕育的万物，没有比人更伟大的了。父母完整地生下了孩子的身体，孩子死后也要完整地把身体归还父母，这就可以称得上孝了。不损伤父母给的身体，不使自身受辱，就可以称得上完整了。'因此君子每走一步都不敢忘记孝道。现在，我忘了孝道（而使脚受伤），所以有忧伤的神色。"

案 例

范 宣 大 啼

　　《世说新语·德行》记载："范宣年八岁，后园挑菜，误伤指，大啼。人问：'痛邪？'答曰：'非为痛，身体发肤，不敢毁伤，是以啼耳。'"

　　这段话的大意是：范宣八岁那年，在后园挖菜，不小心把手弄破了，就大哭起来。别人问他："痛得厉害吗？"范宣回答："不是因为痛而哭，而是因为身体发肤（受之父母），不敢随意毁伤，所以才哭呢！"

　　范宣，又名范宜，字宣子，陈留（今河南省开封市陈留镇）人，东晋名儒。

第三节　曾子事亲养志

孟子曰："曾子养曾晳①，必有酒肉。将彻②，必请所与③；问有余，必曰'有'。曾晳死，曾元④养曾子，必有酒肉。将彻，不请所与；问有余，曰'亡矣'。——将以复进也。此所谓养口体者也。若曾子，则可谓养志⑤也。事亲若曾子者，可也。"

——《孟子·离娄上》

译　文

孟子说："曾子奉养他的父亲曾晳，每餐一定有酒有肉。饭后撤碗碟的时候，一定要问剩下的食物给谁；如果曾晳问有没有剩余，曾子一定说'有'。曾晳去世后，曾元奉养曾子，每餐也一定有酒有肉。撤碗碟的时候，不问剩下的食物给谁；如果曾子问有没有剩余，就说'没有了'。这是想留着下顿再进奉给父亲。这叫作口体之养。像曾子那样对父亲，才可称为顺从亲意之养。侍奉父母像曾子那样，就可以了。"

①曾晳：名点，曾子之父，春秋末期鲁国人，孔子的弟子。
②彻：撤席，饭后将所剩的酒肉拿走。
③必请所与：必定请问父亲将剩余的酒肉给哪个人吃。
④曾元：曾子的儿子。
⑤养志：顺从亲意之养，区别于口体之养。

解 读

孟子借曾家祖孙三代的故事告诉人们：曾参的儿子曾元之孝，只是赡养父亲的身体，尽义务罢了。而曾参不一样，他对于父亲不仅能做到口体之养，还能养志，即顺从父亲的心意。

相关章句

曾参其人，志存孝道

曾参，南武城人，字子舆，少孔子四十六岁。志存孝道，故孔子因之以作《孝经》。齐尝聘，欲以为卿而不就，曰："吾父母老，食人之禄则忧人之事，故吾不忍远亲而为人役。"

参后母遇之无恩，而供养不衰。及其妻以藜烝（蒸）不熟，因出之。人曰："非七出也。"参曰："藜烝，小物耳。吾欲使熟，而不用吾命，况大事乎？"遂出之，终身不取妻。其子元请焉，告其子曰："高宗以后妻杀孝己，尹吉甫以后妻放伯奇。吾上不及高宗，中不比吉甫，庸知其得免于非乎？"

——《孔子家语·七十二弟子解》

曾参，字子舆，春秋末年鲁国人，比孔子小四十六岁。他一心奉行孝道，所以孔子因他而作《孝经》。齐国曾经聘请他，想让他担任卿，但他没有接受，说："我父母年事已高，享用别人的俸禄，就得替别人操心做事，我不忍心远离亲人而去被人差使。"

曾参的后母对他非常不好，但曾参仍然奉养她，丝毫没有懈怠。后来，曾参的妻子因没有将藜叶蒸熟，曾参就休掉了她。别人说："你的妻子不该被休弃，不在七出的范围之内。"曾参说："蒸藜为食，这是一件小事情。我让她蒸熟，她却没有听从我的话，何况大的事情呢!"于是休弃了他的妻子，而且终身没再娶妻。他儿子曾元劝他再娶，他却对儿子说:"殷高宗因为后妻而杀掉自己的儿子孝已，尹吉甫因为后妻而放逐儿子伯奇。我上不及高宗贤能，中不及吉甫能干，怎么知道娶了后妻能避免做错事呢?"

七出:指我国古代社会丈夫休妻的七种理由，即不顺父母、无子、淫、妒、恶疾、多言、窃盗。

高宗以后妻杀孝已:孝已为殷高宗武丁之子，有至孝之行，其母早死，因遭后母谗言，被高宗放逐而死。

尹吉甫以后妻放伯奇:伯奇为西周大臣尹吉甫之子，母早死，因后母陷害，被放逐于野外，后由于宣王干预而得救。吉甫感悟，射杀其后妻。

养口与养志之道

熟五谷，烹六畜，和煎调，养口之道也;和颜色，说（同"悦"）言语，敬进退，养志之道也。

——《吕氏春秋·孝行》

为父母做各种饭，煮各种肉，用各种烹饪方法调和味道，这是满足父母食欲的方法;对待父母和颜悦色，言语动听，举止恭敬，这是顺从父母意志的方法。

案 例

潘岳弃官顺母

潘岳（247—300），字安仁，西晋文学家，曾任河阳县令。传说他任河阳县令时，担心母亲一个人住感到孤单，就把母亲接到河阳县奉养，公务之余他总是陪母亲赏花游玩，让母亲保持愉悦的心情。后来，母亲染病，思念家乡。于是，潘岳不顾上司挽留，立即辞官，送母亲回乡。母亲回到家乡，见到熟悉的环境，病很快就痊愈了。潘岳也没再出去为官，而是耕田种菜，喂羊挤奶，为母亲提供丰盛的食物，让母亲安度晚年。

第四节　孝哉，闵子骞

子曰："孝哉，闵子骞！人不间于其父母昆弟①之言。"

—— 《论语·先进》

译　文

孔子说："闵子骞，真是孝顺啊！人们对他父母兄弟称赞他孝友的话，没有异议。"

解　读

文中的"不间"有二解：一指父母兄弟称闵子骞孝友，人皆信之无异；二指人们对于闵子骞的父母兄弟没有非议。据刘宝楠《论语正义》的解释，"不间"即"禹，吾无间然矣"的"无间"，是"没有非议"的意思。

相关章句

闵子骞孝

闵损，鲁人，字子骞，以德行著名，孔子称其孝焉。

—— 《孔子家语·七十二弟子解》

———————————

①昆弟：昆，哥哥。弟，弟弟。

闵损，春秋末期鲁国人，字子骞，以品德操行闻名，孔子称赞他的孝行。

善 为 我 辞

季氏使闵子骞为费宰。闵子骞曰："善为我辞焉！如有复我者，则吾必在汶上矣。"

——《论语·雍也》

季氏要闵子骞做费地的长官。闵子骞说："好好替我辞掉吧！如果再来找我，我就逃到汶水以北的齐国去。"

在这段话中，"汶上"指齐国之地。闵子骞具有不畏强权、刚正不阿的高贵品质，不愧为孔子德行科的弟子。他有自己做人行事的准则，绝非见官就求、见利就图的小人。

言 必 有 中

鲁人为长府。闵子骞曰："仍旧贯，如之何？何必改作？"子曰："夫人不言，言必有中。"

——《论语·先进》

鲁国人修建财库。闵子骞说："还是用旧仓库，怎么样？何必改建呢？"孔子说："这个人不讲话，一讲话就能讲到点子上。"

孔子赞扬闵子骞言必有中、讷言敏行的特点，同时肯定他为政清廉、节俭的崇高品德。

成语"言必有中"出自于此，指一说话就能说到点子上。

案 例

闵子骞"单衣顺母"

西汉刘向《说苑》记载："闵子骞，兄弟二人。母死，其父更娶，复有二子。子骞为其父御车，失辔。父持其手，寒，衣甚单。父则归，呼其后母儿，持其手，衣甚厚，温。即谓其妇曰：'吾所以娶汝，乃为吾子，今汝欺我，去，无留！'子骞前曰：'母在一子单，母去四子寒。'其父默然，而后母亦悔之。"

这段话的大意是：春秋时期鲁国的闵子骞有兄弟二人。母亲去世后，父亲续娶后母，又生了两个儿子。闵子骞冬天为父亲驾车，（因为天冷手抖）把缰绳掉到地上了。父亲拉住闵子骞的手，发现闵子骞身上的衣服非常单薄。回去之后，父亲把后妻所生的两个儿子叫了过来，拉住他们的手，看他们穿的衣服非常厚实、暖和，当即对后妻说："我之所以娶你，就是为了照顾好我的孩子。现在你这样对待我的孩子，欺瞒我，你还是走吧！"闵子骞立即上前央求父亲："留下母亲，只是我一个孩子穿得单薄；赶走母亲，四个孩子都要挨冻。"父亲听后没有说话，继母悔恨万分。

第五节　舜尽事亲之道

孟子曰："天下大悦而将归己，视天下悦而归己，犹草芥①也，惟舜为然。不得乎亲②，不可以为人；不顺乎亲，不可以为子。舜尽事亲之道而瞽瞍厎豫③，瞽瞍厎豫而天下化，瞽瞍厎豫而天下之为父子者定，此之谓大孝。"

——《孟子·离娄上》

译　文

孟子说："天下人对自己心悦诚服，愿意归顺自己，自己却把这视为草芥一般，只有舜如此。不能得到父母欢心的人，不可以做人；不能顺从父母心意的人，不可以做儿子。舜竭尽全力侍奉父母，使父亲瞽瞍变得高兴了；瞽瞍高兴了，天下人因此而得到感化；瞽瞍高兴了，天下的父子伦常也由此而定了，这就叫作大孝。"

解　读

《诗经·大雅·既醉》云："孝子不匮，永锡尔类。"意思是说，孝顺的子孙层出不穷，上天会恩赐福祉给孝顺的人。舜在家

---

①草芥：言轻之也。

②不得乎亲：不能得到父母的欢心。

③厎豫：得以快乐。厎，致。豫，安乐。

中的处境极为艰难，但他还能竭尽孝道，并以过人的智慧达成美好的结局，使父亲瞽瞍受其感化而愉悦。天下人也因此而受到感化，皆以舜为楷模，使天下的父子伦常也由此而定。孟子对舜之"大孝"津津乐道。舜不仅是瞽瞍的孝子，更是整个中华民族的大孝典范。

相关章句

舜尊亲之至

孟子曰："孝子之至，莫大乎尊亲；尊亲之至，莫大乎以天下养。为天子父，尊之至也；以天下养，养之至也。《诗》言：'永言孝思，孝思维则。'此之谓也。《书》曰：'祗载见瞽瞍，夔夔斋栗，瞽瞍亦允若。'是为父不得而子也？"

——《孟子·万章上》

孟子说："孝子的极致，莫过于尊敬父母；尊敬父母的极致，莫过于以天下来奉养父母。瞽瞍做了天子的父亲，可以说是尊贵到极点了；舜以天下来奉养他，可以说是奉养的顶点了。《诗经》说：'永远讲求孝道，孝道是天下的法则。'正是这个意思。《尚书》也说过：'舜恭敬小心地去见瞽瞍，态度谨慎小心，瞽瞍也因之变得和顺了。'这难道是父亲不能够把他当作儿子？"

舜克谐以孝

帝曰："咨！四岳。朕在位七十载，汝能庸命，巽（xùn）朕位。"岳曰："否德，忝帝位。"曰："明明扬侧陋。"师锡帝曰："有鳏（guān）在下，曰虞舜。"帝曰："俞！予闻，如何？"岳曰:"瞽子,父顽,母嚚(yín),象傲,克谐。以孝烝烝,义,不格奸。"帝曰:"我其试哉!"

——《尚书·尧典》

帝尧说:"啊!四方的部落首领,我在位七十年了,只有你们能完成我交付的使命,你们来接替帝位吧。"四方的部落首领说:"我们的德才太浅薄了,不能辱没这个位置。"帝尧说:"那你们推荐朝中其他贤明之臣,或者推荐处在民间的人才。"大家都对帝尧说:"有一个叫虞舜的单身汉处在民间下层,是一个人才。"帝尧说:"哦,我也听说过,那他为人处世到底怎么样呢?"四方的部落首领说:"他是一个盲老头儿的儿子,父亲和继母都愚顽凶狠,异母弟弟象对他傲慢逞强;但舜用自己的孝行与他们和谐相处,把家庭治理得很好,家人们也远离了奸邪的行为。"尧帝说:"那我就试试他吧!"

在这段古文中,"四岳"指尧舜时四方部落的首领。"师锡"指众人举荐、推许。

案 例

虞舜"孝感动天"

《二十四孝》记载:"虞舜,瞽瞍之子,性至孝。父顽,母嚚,弟象傲。舜耕于历山,有象为之耕,鸟为之耘,其孝感如此。帝尧闻之,事以九男,妻以二女,遂以天下让焉。"

这段话的大意是:虞舜是瞽瞍的儿子,非常孝顺。舜的父亲顽劣,继母奸诈顽劣,弟弟象傲慢逞强。舜常在历山耕作,大象来帮他耕地,小鸟来帮他锄草,这是他的孝心感动了天。尧听说后,便派了九位男子侍奉他,还把自己的女儿娥皇和女英嫁给舜为妻,后来将天下禅让给他。

　　相传，舜的父亲瞽瞍、继母和弟弟象曾多次想害死舜。一次，趁舜修补谷仓之顶时，他们从谷仓下纵火，舜却手持两个斗笠跳下逃脱。还有一次，他们让舜掘井，瞽瞍与象却往井下填土，结果舜掘地道逃脱了。事后，舜毫不嫉恨，仍对父亲恭顺，对弟弟友爱。舜登上天子之位后，仍去看望父亲，毕恭毕敬，从而感化了父亲，使他弃恶从善。

第六节 舜之不告而妻

> 万章问曰："《诗》云：'娶妻如之何？必告父母①。'信斯言也，宜莫如舜。舜之不告而娶，何也？"
>
> 孟子曰："告则不得娶。男女居室，人之大伦也②。如告，则废人之大伦，以怼③父母，是以不告也。"
>
> 万章曰："舜之不告而娶，则吾既得闻命矣。帝之妻舜而不告，何也？"
>
> 曰："帝亦知告焉则不得妻也。"
>
> 万章曰："父母使舜完廪④，捐阶⑤，瞽瞍焚廪。使浚井⑥，出，从而掩⑦之。象曰：'谟⑧盖都君⑨咸⑩我绩⑪，牛羊父母，仓廪父母，干戈朕，琴朕，弤朕，二嫂使治朕栖。'象往入舜宫，舜在床琴。象曰：'郁陶⑫思君尔。'忸

①娶妻如之何，必告父母：一个人娶妻，必须告知父母。

②男女居室，人之大伦也：男婚女嫁，是做人最大的伦理。

③怼：音 duì，怨恨，指因父母不许，而废了人之大伦，便怨恨父母了。

④完廪：修补谷仓。

⑤捐阶：拿掉梯子。

⑥浚井：把井底的泥掘出。

⑦掩：往井里投土石，将井堵塞。

⑧谟：谋。

⑨都君：舜居住的地方，因跟随的人很多，三年成都，所以舜被称为"都君"。

⑩咸：都。

⑪绩：功劳。

⑫郁陶：思念的样子。

怩①。舜曰：'惟兹臣庶，汝其于予治。'不识舜不知象之将杀己与？"

曰："奚而不知也？象忧亦忧，象喜亦喜。"

曰："然则舜伪喜者与？"

曰："否。昔者有馈生鱼于郑子产，子产使校人②畜之池。校人烹之，反命曰：'始舍之圉圉③焉，少则洋洋④焉，攸然⑤而逝。'子产曰：'得其所哉！得其所哉！'校人出，曰：'孰谓子产智？予既烹而食之，曰：得其所哉，得其所哉。'故君子可欺以其方，难罔以非其道。彼以爱兄之道来，故诚信而喜之，奚伪焉？"

——《孟子·万章上》

译 文

万章问道："《诗经》上说：'娶妻该怎么办？一定要事先禀告父母。'相信这道理的，该没人比得上舜了。可是，舜却没有禀告父母就娶了妻，为什么呢？"

孟子说："禀告就娶不成了。男女成亲，是人与人之间最重要的伦常关系。如果事先禀告父母，父母不同意，破坏这一伦常关系，舜就会因此而怨恨父母，所以就不禀告了。"

万章说："舜没有禀告父母就娶妻，我已经听你说明白了；帝尧嫁女儿给舜，也不向舜的父母说一声，又是为什么呢？"

---

①怩怩：极惭愧的神色。
②校人：管池沼的小吏。
③圉圉：困而未舒的样子。圉，音yǔ。
④洋洋：舒缓摇尾的样子。
⑤攸然：自得其乐的样子。

孟子说："帝尧也知道，若事先告诉了舜的父母，女儿就嫁不成了。"

万章说："舜的父母让舜去修缮谷仓，等舜上了仓顶，便撤掉梯子，他父亲瞽瞍还放火烧那谷仓。又让舜去淘井，（不知道舜从旁边的洞穴）出来了，便用土填塞井口。舜的弟弟象说：'谋害舜都是我的功劳，牛羊给父母，粮仓给父母，干戈归我，琴归我，雕漆的弓归我，让两个嫂嫂给我铺床叠被。'象走进舜的房间，舜正坐在床上弹琴。象说：'我好想念您啊！'神情却很羞愧。舜说：'我想念那些臣下和百姓，你来替我管理吧。'我不明白，舜是不知道象要杀害自己吗？"

孟子说："怎么会不知道呢？象忧愁他也忧愁，象高兴他也高兴。"

万章说："那么，舜高兴是假装的吗？"

孟子说："不。从前有人送了条活鱼给郑国的子产，子产让管池塘的人畜养起来。那人却把鱼煮着吃了，回来报告说：'鱼刚放到水里，还有点儿半死不活的样子；不一会儿，便摇摆着尾巴活动起来了；突然间，就游到深水处不见了。'子产说：'找到该去的地方了，找到该去的地方了！'这个人退出来，说：'谁说子产聪明？我已经把鱼煮着吃了，他却说：找到该去的地方了，找到该去的地方了！'所以对于君子，可以用合乎情理的方法欺骗他，却不能用不合常理的手段诓骗他。象以敬爱兄长的样子来见舜，因此舜真诚地相信并感到高兴，哪里是假装的呢？"

解 读

舜的父亲、后母以及弟弟象（后母所生），三人联合起来谋害舜。舜的处境十分危险，幸好他每次都能逢凶化吉。尽管如此，舜并没有因此而怨恨家人，反而用一颗真诚的心感化他们。像舜这样的人确实很少，但很多人都有他这样宽厚、仁德、善良的一面，正如《大学》所言："诚于中，形于外。"当象以敬爱兄长的样子来见舜时，舜所流露出的欢喜之情也是真实的，并非装出来的。

成语

欺以其方：用合乎情理的方法来欺骗别人。

相关章句

君子反古复始

君子反古复始，不忘其所由生也。是以致其敬，发其情，竭力从事以报其亲，不敢弗尽也。

——《礼记·祭义》

君子追怀祖先，不忘自己生命的由来。因此要表达敬意，抒发感情，竭力做事以报答自己的父母，不敢不尽心尽力。

不遗父母恶名

养可能也，敬为难；敬可能也，安为难；安可能也，久为难；久可能也，卒为难。父母既殁，慎行其身，不遗父母恶名，可谓能终也。

——《大戴礼记·曾子大孝》

赡养父母容易，内心恭敬就难了；内心恭敬做到了，使父母安乐便难了；使父母安乐做到了，长久坚持便难了；长久坚持做

130

到了，而父母去世后继续行孝就难了。父母已经去世，自己慎重行事修身，不给父母留下不好的名声，这就算是能够善始善终了。

案例

范纯仁赠麦

范纯仁（1027—1101），字尧夫，苏州吴县（今江苏省苏州市）人，北宋名臣范仲淹的儿子。范仲淹在睢阳任职时，曾让范纯仁到苏州去运一船麦子。范纯仁虽然年纪轻轻，但颇有主见。在运麦子回来时，范纯仁见到了父亲的朋友石曼卿。得知石曼卿的亲人去世，可他没有财力把亲人的灵柩运回家乡，范纯仁便自作主张将整船麦子都送给了石曼卿，作为其返乡的费用。

范纯仁回家后，范仲淹问他："这次去苏州有什么所见所闻啊？"范纯仁便趁机说了石曼卿的事。范仲淹说："怎么不把那船麦子送给他呢？"范纯仁听后，心里一下子就轻松了，立即回答道："我已经把整船麦子都送给他了。"

大舜不告而娶，是因为他知道"不孝有三，无后为大"。他娶妻虽没经过父亲的同意，但他的所作所为本质上表现了他对父亲的孝敬。范纯仁奉父命去运麦子，没经过父亲的同意就把麦子送给了别人，成全了父亲的朋友，同样表现了他对父亲的孝敬。

本章思考题

1. 孔子主张"事父母几谏"，其深意何在？你能否做到"见志不从，又敬不违，劳而不怨"？

2. 曾子临终前让弟子"启予足，启予手"，并引用"战战兢兢，如临深渊，如履薄冰"的诗句，抒发"而今而后，吾知免夫"之情。请谈谈你的感悟。

3. 曾参"事亲养志"与曾元"口体之养"的区别在哪里？

4. 孔子赞扬闵子骞"孝义"。请举例说明。

5. 孟子称赞舜"大孝"。请简述舜是怎样尽事亲之道的。为什么说"舜之不告而娶"是孝的一种表现？

第六章

继志之孝

孝，还有一层内涵是『继志』，即继承父辈的遗志和优良传统。牢记家训，传承家风，将传统家庭美德发扬光大，是行孝的一种表现。对此，《论语》《孟子》及《中庸》等经典皆有论述。

第一节　三年无改于父之道

> 子曰："父在，观其①志；父没②，观其行；三年无改于父之道③，可谓孝矣。"
>
> ——《论语·学而》

译　文

孔子说："父亲活着时，观察他的志向；父亲去世后，考察他的行为；三年不改变父亲的（优良）传统，就可以说是孝了。"

解　读

这里讲的是孝道的实质——继承父辈积极向上的精神和远大的志向。继承父母的远大志向，秉持父母的品德操守，有助于形成良好的家风，淳化代代门风。孔子曾对当时的诸侯、卿大夫说，不要轻易改变以往的制度，要注意政策的连续性，使家族关系保持相对稳定，这也是为人子者的孝行。

---

①其：这里指儿子。
②没：音 mò，同"殁"，终、尽之意，指父亲去世。
③道：这里指父亲的优良传统。

相关章句

良 弓 无 改

良冶之子必学为裘，良弓之子必学为箕。

——《礼记·学记》

优秀冶铸工的子弟一定能学会补缀皮袍，优秀弓匠的子弟一定能学会编制簸箕。

其中，"良冶之子必学为裘"是说，善冶之家，其子弟见其父兄冶铸金铁，使之糅合以修补破器，所以子弟能从中学习技艺、技巧，从而能学会制作裘袍，补续兽皮，使其片片相合。"良弓之子必学为箕"是说，善于制弓之家，其子弟观察父兄制作弓，从而学会用柳条等编制成箕。这两者都指继承父兄之传统家业。

成语"良弓无改"出自于此，指继承父辈的优良传统和事业。

弛亲之过敬其美

子云："君子弛其亲之过而敬其美。"

——《礼记·坊记》

孔子说："君子要忘记父母的过错，而敬重他们的美德。"

案 例

蔡文姬为父续书

蔡文姬，名琰，东汉末年女诗人，自幼好学，博学多才。其父蔡邕是当时的名士，精通经史、音律、天文等，曾被迫依附于董卓，后来因董卓被杀而受牵连，死于狱中。

父亲死后不久，母亲也因病去世。蔡文姬孤苦伶仃，四处漂泊，在战乱中被趁火打劫的匈奴兵掳掠，成为匈奴左贤王的夫人。她在匈奴忍辱度过了十二年，常常用琴声表达对故土的思念，始终不曾忘记父亲的遗愿。

曹操统一北方后，念故友蔡邕无后，便花重金将蔡文姬赎回。后来，蔡文姬在家中悬挂起父亲的画像，花了几年的时间认真整理父亲的著作，并凭借着惊人的记忆力，把父亲在战乱中遗失的几百卷著作默写了下来，使其流芳百世。蔡文姬继承父亲的遗志，完成了父亲的未竟之业，真可谓继志之孝的典范。

第二节　孟庄子之孝

> 曾子曰：“吾闻诸夫子：孟庄子①之孝也，其他可能也；其不改父之臣与父之政，是难能也。”
>
> ——《论语·子张》

译　文

曾子说：“我听老师说过：孟庄子的孝，别的都能做到；而保持父亲的部下和政策不变，是很难做到的。”

解　读

常言道：“一朝天子一朝臣。”因为父亲孟献子品德好、有贤名，所以孟庄子不仅留用了父亲的旧臣，还沿用了父亲的政策，这意味着孟庄子不仅恪守孝道，还虚怀若谷，少有私心。这对于拥有权力的人来说，确实是难以做到的。

相关章句

贻父母之令名

父母虽没，将为善，思贻父母令名，必果；将为不善，思贻父

---

① 孟庄子：仲孙速，春秋时期鲁国大夫。

母羞辱，必不果。

——《礼记·内则》

父母虽然不在了，自己将做好事，想给父母留下好名声，就一定会做出成效来；将做坏事，考虑到会给父母留下羞辱，就一定不会去做。

孟庄子之孝

无改父之道，真堪以孝称。
若论庄子孝，此直是难能。

——〔宋〕林同《孝诗》

不改变父亲的处世之道，就足以称得上"孝"了。要说孟庄子对他父亲的孝，那真是难能可贵了。

案 例

李治改父之臣

唐高宗李治在即位之初，任用李勣（jì）、长孙无忌、褚遂良等唐太宗留下的大臣，对唐太宗时期制定的政治经济制度也奉行不渝。因此，这个时期人口增长迅速，经济繁荣，边疆安定，史称"永徽之治"。

后来，唐高宗李治为了立武则天为皇后，把长孙无忌和褚遂良等大臣贬斥出中枢。不久，长孙无忌被迫自缢，褚遂良被流放。这为以后武则天登基、李氏政权旁落、皇室宗亲大肆减员埋下了隐患。

李治为帝，前期权力掌握在长孙无忌等权臣手中，后期被武则天掌控。当武则天步步紧逼，把大唐江山玩弄于股掌之时，李治才开始警觉，可惜为时已晚。李治的帝王生涯也到此为止，一生政绩落了个无所作为、乏善可陈的评价。

第三节　慎终追远

曾子曰："慎终①，追远②，民德归厚矣！"

——《论语·学而》

译　文

曾子说："认真办理父母亲的丧事，追怀、祭祀祖先，老百姓的品德就会归于忠厚。"

解　读

"慎终追远"作为一种孝道，可以唤起人们饮水思源、不忘根本的精神，有助于培养仁厚的道德风气，从而使人们继承先人的遗志，实现先人未竟的事业。中国人有清明节扫墓的传统，其意义正在于此。

成　语

慎终追远：慎重地办理父母的丧事，虔诚地祭祀祖先。后来也指谨慎从事，追念前贤。

---

①慎终：以谨慎的心情办理父母的丧事。
②追远：以不忘本的心情祭拜列祖列宗。

相关章句

孝子之志

　　孝子将祭祀，必有齐庄之心以虑事，以具服物，以修宫室，以治百事。及祭之日，颜色必温，行必恐，如惧不及爱然。其奠之也，容貌必温，身必诎，如语焉而未之然。宿者皆出，其立卑静以正，如将弗见然。及祭之后，陶陶遂遂，如将复入然。是故悫善不违身，耳目不违心，思虑不违亲，结诸心，形诸色，而术省之，孝子之志也。

——《礼记·祭义》

　　孝子将举行祭祀，必须有严肃庄重的心来考虑祭事，来准备祭服和祭品，来修缮庙室，来处理有关祭祀的事务。到祭祀那天，面色一定要温和，行动一定要谨慎，如同生怕不能见到亲人的样子。孝子进献祭品的时候，容貌一定要温顺，身体一定要屈俯，如同跟亲人说话而尚未得到答复的样子。助祭的人都退出庙门时，孝子卑恭而默然地站立着，如同将要见不到亲人的样子。祭祀完毕，孝子显出深深思念的神情，如同亲人将再次进入庙中的样子。因此（祭祀时那种）诚挚美善的态度不离身，（祭祀时的）所见所闻不忘于心，思虑不离亲人，郁结在心中，显现于面色，而反复地回忆亲人，这就是孝子的心态。

教民追孝

　　修宗庙，敬祀事，教民追孝也。

——《礼记·坊记》

修建宗庙，恭敬地进行祭祀，教育人们追孝祖先。

资料简介

黄帝陵祭典

黄帝是中华民族始祖。为了缅怀黄帝的功绩，继承黄帝的精神，人们开展了对黄帝的祭祀活动。《礼记》记载，虞、夏、商、周便开始祭祀黄帝。此后，历经秦、汉、魏、晋、隋、唐、宋、元、明、清、中华民国，直至当代。人们对黄帝的祭祀，上至王宫贵族，下至黎民百姓，历经几千年而不衰，体现了中华儿女对祖先的"报功崇德""继志述事"，这种家国情怀，淳化了代代民风，影响了子子孙孙，可谓"慎终追远，民德归厚矣"。

数 典 忘 祖

《左传·昭公十五年》记载：一次，晋大夫籍谈出使周朝。宴席间，周景王问籍谈，晋为什么不带贡品。籍谈答道，晋从未受过周王室的赏赐，哪有什么器物可贡献呢？周景王就列举王室赐晋的器物，并责问籍谈，身为晋司典的后代，怎么能"数典而忘其祖"呢？

成语"数典忘祖"出自这个故事，指谈论祖上的典章制度或经历的事情时，把自己祖先的职责都忘了。后来，人们用这个成语比喻忘本，即忘掉自己本来的情况或事物本源。

案 例

郑母教子不忘本

郑善果是隋唐时期的士大夫。他幼年的时候，父亲就去世了，母亲把他拉扯大，因此他十分孝敬母亲。他处理公事时，母亲会躲在一边观察，如果他处理得当，母亲就会高兴，如果他处理得不妥当或者无缘无故冲他人发脾气，母亲就默默回去，用被子蒙着脸哭泣，不吃饭。

郑善果见此状，便上前询问。母亲说："我不是生你的气，而是感觉对不起你父亲。你父亲是一位忠勤之士，为官清廉有原则，没有一点儿私心杂念，最后以身殉国。你继承了父亲的事业，也应该成为你父亲那样的人。可你从小没有父亲教导，我只是一个妇道人家，有慈无威，没能把你教导好。你自小就被封爵，现在又成了一方长官，难道这是靠你自己的能力得来的吗？怎能不好好想想，而无缘无故发脾气呢？你心中骄傲，就会影响公务。对内来说，有损家风，失掉爵位；对外来说，可能触犯法律，锒铛入狱。这让我死后有什么脸面去见你父亲和列祖列宗？"

母亲的教诲使郑善果很受震动。从此，他严格要求自己，克己奉公，被人们称为"清吏"。

第四节　继志述事

　　子曰：“武王、周公其达孝①矣乎！夫孝者，善继人之志，善述人之事者也。春秋②修其祖庙，陈其宗器，设其裳衣③，荐④其时食⑤。宗庙之礼，所以序昭穆⑥也；序爵⑦，所以辨贵贱也；序事，所以辨贤也；旅酬下为上⑧，所以逮贱⑨也；燕毛⑩，所以序齿也。践其位⑪，行其礼，奏其乐，敬其所尊，爱其所亲，事死如事生，事亡如事存，孝之至也。”

——《礼记·中庸》

---

　　①达孝：通达孝道。达，通达。

　　②春秋：春季与秋季，指代一年四季，这里指祭祀之时。

　　③裳衣：裳，音 cháng。上为衣，下为裳。指祖先生前穿过的衣服。

　　④荐：供奉。

　　⑤时食：时令鲜食。

　　⑥昭穆：左昭右穆，指祖庙中牌位的排列次序。

　　⑦爵：爵位，如公、侯、伯、子、男等。

　　⑧旅酬下为上：旅酬，指众人一起饮酒之礼。旅，众。酬，斟酒。下为上，指晚辈应向长辈敬酒。

　　⑨逮贱：祖先的恩惠惠及位卑年幼者。逮，及。贱，位卑年幼者。

　　⑩燕毛：宴饮时按照头发的颜色（年龄）安排座次。燕，宴饮。毛，头发。

　　⑪践其位：站在应在的位置上，指在祖宗牌位面前即位。

译 文

孔子说："周武王和周公真是天下最能通达孝道的人了！所谓孝，就是善于继承先人的遗志，善于继承先人的事业。每逢春秋祭祀的时候，要修好祖庙，陈列好祖宗传留的祭器，摆放好祖宗穿过的衣服，供奉好时令食物。祖庙里的祭礼，是要排列左昭右穆次序的。排列爵位的等级，就能分辨身位的贵贱；排列各种职事，就能分辨子孙才能的高低；祭礼结束后举行宴饮，晚辈应向长辈敬酒，以表明祖先的恩惠下达位卑年幼者；饮酒时按照头发的颜色（年龄）安排座次，以区分长幼之序。在祖宗牌位面前即位，举行祭礼，演奏祭祀音乐，敬重祖先尊重的人，爱护祖宗亲近的人；侍奉过世的祖先如同他们生前一样，侍奉亡故的祖先如同他们在世时一样，这就是孝的最高境界。"

解 读

一个人的生命虽然有限，但事业无限。为人子者应继承父辈未成之志、未竟之业，且使之发扬光大。若人人如此，则民族文化自能一脉相承，延续不断，光前而裕后矣。中国文化在世界文化中之所以持续不坠，原因之一就在一个"孝"字。所以，继志述事、继往开来乃孝之最高境界。

成 语

继志述事：继承先辈的遗志和事业。

追孝于前文人

王若曰："……父义和！汝克绍乃显祖，汝肇刑文、武，用会绍乃辟，追孝于前文人。"

——《尚书·文侯之命》

周平王这样说道："义和（文侯的字）伯父啊！您能发扬光大您先祖唐叔的功业，又开始效法文王和武王，会合这两德来辅助您的君主，以此继承祖先之志。"

干 父 之 蛊

干父之蛊，有子，考无咎。厉，终吉。

——《周易·蛊》

儿子能够继承父亲画卦卜筮的事业，完全符合卜筮的要求，自然没有灾祸，终归吉善美好。

成语"干父之蛊"出自于此，指儿子能够继承父志，完成父亲未竟的事业。干，承担、从事。蛊，事情、事业。

案 例

武 王 继 述

周文王是个孝子，侍奉父母十分周到恭顺：一日三次问安，看父母气色好才心里踏实；饭菜一定要亲自察看，温度合适才端

147

给父母，所以民众都夸周文王。后来，周文王的孝行也影响到了自己的儿子，周武王也成了有德行的孝子。譬如，周文王生病时，周武王便整天服侍在他身边，连衣帽也不敢脱下；周文王吃一碗饭，周武王也吃一碗，周文王添一碗，周武王也添一碗，直到周文王痊愈了，周武王才放心。周文王死后，周武王继承了父亲的王位，并与弟弟一起，为解除天下百姓的苦难而讨伐暴虐的商纣王。周武王对待死者如同对待生者一样虔敬，对待生者又如同对待亡者一般有礼。他不仅对待父亲贤孝，对待天下百姓也贤孝。所以孔子说，这真是做到"达孝"了呀！

司马迁作《史记》

司马迁（约前145—?），西汉史学家、文学家、思想家。他少年时便跟随父亲来到长安，受教于董仲舒、孔安国等大学者，并独自遍寻历史遗迹，凭吊古圣先贤，为一生的学问打下坚实的基础。后来，父亲临终时表示自己因没能为民族写一部真实可靠的历史而深感遗憾。于是，司马迁立下誓言，要替父亲实现这个愿望。

然而，这条路司马迁走得并不顺畅。意气风发的司马迁接替父亲的职位，担任了太史令。正当他准备一心一意完成父亲的遗愿时，一件事情彻底改变了他的一生：李陵在与匈奴军对峙时投降了，汉武帝龙颜大怒，欲杀其全家，而司马迁却认为李陵有难言之隐，遂为之求情。此举惹怒了汉武帝，他误认为司马迁是李陵的同谋，便对司马迁处以宫刑。司马迁悲愤难当，痛不欲生。然而，为了完成父亲的遗愿，他还是苟活了下来。

出狱后，司马迁倾其毕生的精力，创作出被誉为"史家之绝唱，无韵之离骚"的千古著作——《史记》。于父亲而言，司马迁继承了父辈的遗志和事业；于文化而言，司马迁尽了民族的大孝，坚守和传承了民族文化。这正是"善继人之志，善述人之事"精神的极佳体现。

第五节　不孝有三，无后为大

> 孟子曰："不孝有三，无后为大。舜不告而娶，为无后也，君子以为犹告也。"
>
> ——《孟子·离娄上》

译　文

孟子说："不孝顺的事有三种，其中以没有子嗣为最大。舜不事先禀告父母就娶妻，是因为怕没后代，君子认为他这样做如同禀告了父母一样。"

解　读

在中国古代，人们对子嗣问题特别看重。不婚无子，就无人祭祀祖先，也就断了家族的香火。所以，孟子认为这是最大的不孝，即"无后为大"。孔子也曾发过毒誓，最严厉的诅咒就是八个字："始作俑者，其无后乎！"（《孟子·梁惠王上》）"无后"，就是让父母亲和孩子之间的生命链条中断，再也无法延续了。在传统的宗法社会里，"传宗接代"属于延续香火、光宗耀祖的大事。所以，在鲁迅的小说《阿Q正传》中，阿Q最忌讳别人骂他"断子绝孙"。

成 语

无后为大：旧时人们认为没有子孙后代是最不孝的事。

相关章句

子也者，亲之后

孔子遂言曰："昔三代明王之政，必敬其妻、子也，有道。妻也者，亲之主也，敢不敬与？子也者，亲之后也，敢不敬与？君子无不敬也。敬身为大。身也者，亲之枝也，敢不敬与？不能敬其身，是伤其亲。伤其亲，是伤其本；伤其本，枝从而亡。"

——《礼记·哀公问》

孔子进一步解释说："从前三代贤明君王治理天下，都必敬重他们的妻和子，这是有道理的。妻子，父母生前的供养、死后的祭祀都是她主办的，怎敢不敬重呢？儿子，是父母的后继人，怎敢不敬重呢？所以君子（对妻和子）没有不敬重的。敬，尤其以敬重自身为最重要。自己的身体，是父母的分枝，怎敢不敬重呢？不能敬重自身，就是伤害父母。伤害父母，就是伤害自身的根本；伤害了根本，分枝也就跟着灭亡了。"

不娶无子，绝先祖祀

赵岐《注》云："于礼有不孝者三事，谓阿意曲从，陷亲不义，一不孝也；家穷亲老，不为禄仕，二不孝也；不娶无子，绝先祖祀，三不孝也。"

——〔汉〕赵岐《十三经注疏》

汉代经学家赵岐对孟子的话进行了注释，说："有悖于孝礼的表现有三种：一味顺从，见父母有过错而不劝阻，使其陷入不义，这是第一种不孝；家境贫寒，自己却不去做官赚钱来奉养父母，这是第二种不孝；不娶妻生子，断绝后代，这是第三种不孝。"

资料简介

传 宗 接 代

成语"传宗接代"指生了儿子可以使家世一代一代传下去。此成语出自清代李宝嘉的《官场现形记》第四十九回："自己辛苦了一辈子，挣了这份大家私，死了后又没个传宗接代的人，不知当初要留着这些钱何用！"其中，"宗"指宗族、家族，"代"指后代。

"传宗接代"的内涵有二：一是指延续子孙后代的生命链条，二是指家风的传承。为了传承家风，立德树人，中国古代出现了形式多样的家训。家族长辈希望通过家训来教育子孙后代，传承良好家风，以使家族世代兴旺。

朱 子 家 训

《朱子家训》，又称《朱子治家格言》，为明末清初朱柏庐所作。《朱子家训》全文五百多字，通俗易懂，简明扼要，对仗工整，朗朗上口，是家喻户晓的经典家训，清代至民国年间还一度成为童蒙必读课本之一。《朱子家训》中的一些警句格言在今天仍有重要的教育意义。现摘录如下。

黎明即起，洒扫庭除，要内外整洁；既昏便息，关锁门户，必亲自检点。

每天黎明就要起床，清扫庭院，使屋内屋外干净整洁；到了黄昏便要休息，把门窗都关好，一定要亲自查看一遍。

一粥一饭，当思来处不易；半丝半缕，恒念物力维艰。

一碗粥、一碗饭，应当想到它们来之不易；衣服上的半根丝、半缕线，要常念着它们的产生是很艰难的。

祖宗虽远，祭祀不可不诚；子孙虽愚，经书不可不读。

祖宗虽然离我们年代久远，但祭祀他们的时候仍要虔诚；子孙即使愚笨，经书也不可以不读。

居身务期质朴，教子要有义方。勿贪意外之财，勿饮过量之酒。

自己生活节俭，以做人的正道来教育子孙。不要贪占不属于自己的钱财，不要喝过量的酒。

兄弟叔侄，须分多润寡；长幼内外，宜法肃辞严。

兄弟叔侄之间要互相帮助，富有的要资助贫穷的；一个家庭要有严格的规矩，长辈对晚辈言辞应庄重。

听妇言，乖骨肉，岂是丈夫；重资财，薄父母，不成人子。

听信妇人挑拨而伤了骨肉之情，哪里配做一个大丈夫呢？看重钱财而薄待父母，不是为人子女应有的态度。

家门和顺，虽饔飧不济，亦有余欢；国课早完，即囊橐无余，自得至乐。

家里和气平安，即使缺衣少食也觉得快乐；尽快缴完赋税，即使口袋里没剩余的钱也自得其乐。

读书志在圣贤，非徒科第；为官心存君国，岂计身家。

读书学习的目的在于学习圣贤的行为，而不是为了科举及第；做官要有忠君爱国的思想，怎么能只考虑自己和家人的享受呢？

本章思考题

1. 孔子说："三年无改于父之道，可谓孝矣。"你是怎样理解这句话的？

2. 曾子赞扬孟庄子之孝难能的原因何在？

3. 为什么说"慎终追远"方能"民德归厚"？这两者之间是一种什么关系？

4. 孔子以周武王、周公为例，阐明"继志述事"乃"孝之至"的道理。你认为"继志述事"有什么现实意义？

5. 孟子说："不孝有三，无后为大。"谈谈你对这句话的理解。